用于国家职业技能鉴定

YONGYU GUOJIA ZHIYE JINENG JIANDING

国家职业资格培训教程

GUOJIA ZHIYE ZIGE PEIXUN JIAOCHENG

# 营业员

## （高级）


### 编审委员会

主　任　刘　康

副主任　张亚男

委　员　张丽君　武静茹　刘风军　宋　清　徐耀庆
　　　　刘国成　张雪芬　左振龙　陈　蕾　张　伟

### 编审人员

主　编　徐耀庆

副主编　武静茹　左振龙

编　者　武静茹　张雪芬　刘　宇　严群礼　王成荣
　　　　徐耀庆　沈宝燕　胡春平　张　慧　尹颖汤
　　　　杜海霞　左振龙　杜敬民　王建如　于达坤
　　　　穆朝阳　宋　清　周智钢　李　伟　李世民

主　审　张丽君

审　稿　李祥波


中国劳动社会保障出版社

图书在版编目(CIP)数据

营业员：高级/中国就业培训技术指导中心组织编写. —北京：中国劳动社会保障出版社，2012

国家职业资格培训教程

ISBN 978-7-5045-9583-6

Ⅰ.①营… Ⅱ.①中… Ⅲ.①营业员-技术培训-教材 Ⅳ.①F718

中国版本图书馆 CIP 数据核字(2012)第 028038 号

**中国劳动社会保障出版社出版发行**

(北京市惠新东街 1 号 邮政编码：100029)

*

北京市鑫霸印务有限公司印刷装订 新华书店经销

787 毫米×1092 毫米 16 开本 7.75 印张 134 千字

2012 年 3 月第 1 版 2024 年 5 月第 7 次印刷

**定价：15.00 元**

营销中心电话：400-606-6496

出版社网址：http://www.class.com.cn

# 前　言

为推动营业员职业培训和职业技能鉴定工作的开展，在营业员从业人员中推行国家职业资格证书制度，中国就业培训技术指导中心在完成《国家职业标准·营业员》（2010年修订）（以下简称《标准》）制定工作的基础上，组织参加《标准》编写和审定的专家及其他有关专家，编写了营业员国家职业资格培训系列教程。

营业员国家职业资格培训系列教程紧贴《标准》要求，内容上体现"以职业活动为导向、以职业能力为核心"的指导思想，突出职业资格培训特色；结构上针对营业员职业活动领域，按照职业功能模块分级别编写。

营业员国家职业资格培训系列教程共包括《营业员（基础知识）》《营业员（初级）》《营业员（中级）》《营业员（高级）》《营业员（技师）》5本。《营业员（基础知识）》内容涵盖《标准》的"基本要求"，是各级别营业员均需掌握的基础知识；其他各级别教程的章对应于《标准》的"职业功能"，节对应于《标准》的"工作内容"，节中阐述的内容对应于《标准》的"技能要求"和"相关知识"。

本书是营业员国家职业资格培训系列教程中的一本，适用于对高级营业员的职业资格培训，是国家职业技能鉴定推荐辅导用书，也是高级营业员职业技能鉴定国家题库命题的直接依据。

本书第一章由张雪芬、刘宇、严群礼（北京市商业学校）编写，第二章由王成荣、徐耀庆、沈宝燕、胡春平、张慧、尹颖汤、杜海霞（北京财贸职业学院）编写，第三章由左振龙、杜敬民、王建如、于达坤、穆朝阳（北京市供销学校）、宋清、周智钢（北京长益信息科技有限公司）、李伟、李世民（北京蓝岛大厦）编写，徐耀庆主编。张丽君、李祥波（中国商业联合会）审稿。

本书在编写过程中，中国商业联合会协助组织各位专家并做了大量工作，北京长益信息科技有限公司等单位给予了大力支持，许多同行专家和学者也给予了关心和帮助，在此一并表示衷心的感谢。

中国就业培训技术指导中心

# 目　录

CONTENTS　国家职业资格培训教程

# 第1章 商品检验

## 第1节 验收商品

### 学习单元1 商品数量、规格验收

#### 学习目标

➢ 了解商品验收有关知识。

➢ 掌握商品数量、规格验收方法。

➢ 能够进行商品数量、规格验收。

#### 知识要求

商品数量、规格验收是商业企业按照供货商的发货单据及有关凭证，对购进的商品进行数量清点和规格验收的工作。对来货商品的验收是商品购进的最后环节，是防止和消灭差错的关键环节，同时也是防止假冒伪劣商品进入消费市场的重要措施，在验收商品时必须严格执行和遵守商品验收制度，认真做好验收商品的工作。商品验收的基本要求是货单相符、质量合格、数量准确。

## 一、验收商品的方法

### 1. 对单验收

对单验收是按照商品发货单据（见表 1—1）上的商品名称、货号、规格、单位、数量等逐项核对，检查有无货单不符或漏发、错发、串发现象，发现问题及时反馈。

表 1—1　　商品发货单据

客户名称：　　订单号码：

交货地址：　　交货日期：　年　月　日

| 序号 | 商品名称 | 货号 | 规格 | 单位 | 数量 | 金额 | 备注 |
|---|---|---|---|---|---|---|---|
| | | | | | | | |
| | | | | | | | |
| | | | | | | | |
| | | | | | | | |

仓库员：　　主管：　　核准：　　制单：

生产厂家：　　地址：　　发货人姓名：　　电话：

### 2. 商品数量验收

商品数量验收是按件数供货或以件数为计量单位的商品，对照发货单据进行商品件数的清点。

验收商品数量时，应对照发货单据详细点数，先点整包，后点散货，检查商品的计量单位、包装标志是否与来货单据相符，不同商品应采用不同的方法验收。

（1）整箱商品或大件商品，点大件，抽查细数。

（2）零星散装商品必须清点数量。

（3）贵重商品、高档商品要逐一点数，如黄金饰品等。

### 3. 商品称重的验收

商品称重的验收是对来货进行称重的验收过程。称重的验收一般体现为散装食品、粮油、肉类、水果等商品要按千克验收。

### 4. 商品规格的验收

商品规格的验收是对来货商品实物规格与合同规定进行核对的验收过程。规格的验收主要包括商品规格及商品制造商、进口商、地址和电话的验收。

### 5. 商品品质的验收

商品品质的验收主要包括商品生产日期、有效期限、内容、成分等的验收。

## 二、验收商品的原则

### 1. 质量达标原则

商品质量是零售企业信誉的保障，是吸引客流并保证经营正常运转的基础，商家要把好商品验收第一关，才能使企业长期发展。在日常经营过程中出现的服务纠纷，有 20%是因为商品质量问题给企业带来了不必要的麻烦，在一定时期内影响了正常的经营秩序。

### 2. 货单相符原则

商品与发货单据要相符，货单相符是减少差错的重要环节，在验收过程中要将商品逐一核对，避免差错。

### 3. 数量准确原则

商品验收最重要的环节是数量准确，对包装较大的商品要进行数量抽查，对以件数计量的商品要逐一清点，以减少不必要的工作量。

## 三、商品购进知识

### 1. 商品购进的概念

商品购进是指商业企业通过货币关系从生产企业或其他商业企业取得商品的一种经营活动。

商品购进是商业企业为实现企业销售目标，在充分了解市场需求的情况下，根据企业的经营能力，运用适当的采购策略和方法，通过等价交换，取得适销对路的商品的经济活动过程。它包括两方面内容，一方面采购人员必须主动对用户需求做出反应，另一方面要保持与供应商之间的互利关系。

### 2. 商品购进的重要性

（1）商品购进是社会再生产顺利进行的重要条件，一方面使企业的产品转化为商品（货币），为扩大再生产提供资金；另一方面为生产企业提供市场信息，引导生产企业按市场需求进行生产，不断提高经济效益和社会效益。

（2）商品购进是消费者需求和社会需求的物质基础，商业企业需要满足人们日益增长的社会需求，商品购进是实现这一目的的重要前提和物质保证。商品购进是商品流通过程的起点，为商品的运输、储存、销售奠定了物质基础。商品购进的目的是销售，购进是销售的前提，离开了商品购进，商品销售就成了无源之水，企业经营就无法正常运行。

（3）商品购进是商业企业经营的重要环节，企业的经营过程是购、销、运、存及其他经营活动的具体体现，而销售、运输、储存的状况在很大程度上取决于商品购进的质量，商品购进能够及时根据市场需求，按质、适量地组织商品，才能加快商品和资金周转，降低流通费用，从而促进企业经济效益的提高。

**3. 商品购进的原则**

商品购进一般遵循以销定进、勤进快销、以进促销、储存保销、“五不进一退货”的原则。

（1）以销定进原则

以销定进原则是指根据销售情况决定商品购进。进货的品种、数量、规格、花色、式样以及什么时间购进完全由销售的需要决定。其主要标志是看经营的商品能否适应销售业务的需要，即品种齐全、质量优良、数量充足、价格适宜、供应及时。贯彻以销定进原则，就是要解决进货与销货的关系问题。商店营业部要切实掌握商品销售规律，把购进工作和销售工作紧密地结合起来。

（2）勤进快销原则

勤进快销是加快资金周转，避免商品积压，提高经济效益的重要条件。勤进快销就是采购次数要适当多一些，批量要少一些，进货间隔期要适当缩短。也就是说，要在适销对路的前提下，选择能使采购费用、保管费用最省的采购批量和采购时间，以降低成本和商品价格，使顾客能买到物美价廉的商品。勤进快销还要随时掌握市场行情，密切注意销售动态，勤进、少进，进全、进对，以勤进促快销，以快销促勤进，不断适应消费需求，调整更新商品结构，扩大花色品种，力求加快商品周转。在销售上，供应要及时，方式要多样，方法要灵活，服务要周到，坚持薄利多销。

（3）以进促销原则

以进促销是与以销定进相联系的，单纯地讲以销定进，进总是处于被动局面。因此，扩大进货来源，积极组织适销对路的商品，能动地促进企业扩大销售，特别是对一些新品种、新花色、新款式的商品，通过少量进货试销，刺激消费，促进销售。如何具体贯彻以进促销原则并搞好采购，则要从实际出发，灵活掌握。

1）掌握不同商品的供求规律。对于供求平衡、货源正常的日用工业品，适销什么就购进什么，快销就勤进，多销就多进，少销就少进；对于货源时断时续、供不应求的商品，要根据市场需求开辟进货渠道，随时了解供货情况，随供随进；对于扩大推销而销量不大的商品，应当少进多样，在保证品种齐全和必备库存的前提下，随进随销。

2）掌握商品季节产销特点。季节生产、季节销售的日用工业品，季初、季中少进，季末补进；常年生产、季节销售的日用工业品，淡季少进，旺季多进。

3）掌握商品供应地点。当地进货，少进、勤进；外地进货，适当多进、适当储备。

4）掌握商品市场寿命周期。新商品要通过试销打开销路，进货从少到多。

（4）储存保销原则

储存保销原则是指为了保证商品花色齐全，销售连续不断地进行，企业应有合理的商品储存。对一些供应正常又是群众日常生活所必需的商品以及商店经营范围内的其他商品，要有合理的库存。库存量应和进货周期相适应，同商品资金定额相吻合，用库存影响购进，改变消极被动局面，充分发挥合理库存的作用。

（5）"五不进一退货"原则

"五不进一退货"原则是指不是名优商品不进，假冒伪劣商品不进，无厂名、无厂址、无保质期等标志的商品不进，无三证（生产许可证、合格证、检验证）的商品不进，流通不畅的商品不进，购进商品与样品不符的坚决退货。

## 技能要求

### 验收商品数量与规格

#### 一、操作步骤

**步骤 1 查看并核对进货、送货单据**

进货、送货单据与订货合同要逐一核对，相符后才可进行下一步的实物验收。

**步骤 2 检查商品包装**

检查商品包装是对新到商品的完整程度进行认真的检查，检查包装的完好程度，有无破损、脏迹或影响出售的情况。

**步骤 3 查看包装箱上所标商品数量**

查看包装箱上所标商品数量与实际接收的商品数量是否相符，在核对的基础上，将商品完好无损地存放在安全地点，等待下一步的检验。

**步骤 4 查看包装箱上所标商品规格**

查看包装箱上所标商品规格，包括商品的质（重）量、等级、生产日期、保质期、净含量等。根据包装箱上所标商品规格与实际接收的商品规格进行核对，并按要求整齐有序地排列。

**步骤 5　清点实物**

对不同情况的商品，验收时的要求有所不同。对贵重商品应逐个清点，对易碎、易损商品应开箱逐一检查，对规格和尺寸不齐全的商品应进行计数验收，对批量大、规格和尺寸齐全的商品则可进行抽检验收。

**步骤 6　核对数量**

核对数量是将清点来货商品的实有数量与送货单上的数量、规格进行逐一核对，在核对无误后将商品放入箱内。如发现商品短缺，要立即填写商品验收差错报告单（见表 1—2），并报告有关部门。

表 1—2　**商品验收差错报告单**

柜组名称：　　　　　　　　验收日期：　　年　月　日　　　　　　第　号

| 序号 | 供货单位 | 品名 | 单位 | 单价 | 发货单数量 | 实收数量 | 长出 | | 短少 | | 处理结果 |
|---|---|---|---|---|---|---|---|---|---|---|---|
| | | | | | | | 数量 | 金额 | 数量 | 金额 | |
| | | | | | | | | | | | |
| | | | | | | | | | | | |
| | | | | | | | | | | | |

复核人：　　　　　　　　验收人：

**步骤 7　签单**

签单是商品验收人员要完成的最后一道工序，验收人员核对准确无误后，在商品验收单（见表 1—3）上签署其姓名。

表 1—3　**商品验收单**

实物负责人：　　　　　　　　验收日期：　　年　月　日　　　　　　第　号

| 货号 | 品名 | 单位 | 数量 | 进价 | | 售价 | | 进销差价 | 备注 |
|---|---|---|---|---|---|---|---|---|---|
| | | | | 单价 | 金额 | 单价 | 金额 | | |
| | | | | | | | | | |
| | | | | | | | | | |
| | | | | | | | | | |
| | 合计 | | | — | | — | | | |

验收人：　　　　　　复核人：　　　　　　制单人：

## 二、注意事项

（1）发现商品包装箱破损，应开箱逐一点数。

（2）注意核对商品外包装与小包装所标规格是否一致。

（3）液体商品应注意查看有无跑、冒、滴、漏痕迹。

（4）注意无单不收货，无货不签单，单随货走，货随单去。

## 学习单元 2　商品外观质量验收

### 学习目标

- 了解商品外观质量验收有关知识。
- 掌握商品外观质量验收标准。
- 能够对商品进行外观质量验收。

### 知识要求

商品质量验收是严把商品质量关的基础。商品质量验收主要包括外观检验、尺寸精度检验、机械物理性能检验和化学成分检验四种形式。其中尺寸精度检验、机械物理性能检验和化学成分检验属于工具检验，需凭借一定的工具或仪器及相应的技术知识才能完成。只有外观检验属于感官检验，比较简便，容易操作。因此，商品进入商场时营业员一般只做外观检验，其他检验如有必要，则由仓库技术管理职能部门取样，委托专门检验机构进行检验。

#### 一、商品外观检验的概念

商品外观检验是指商品验收人员通过自身的感觉器官，依据商品质量检验标准对进货商品外观进行全面的观察检验。要求所有进入商业企业的商品外观必须整洁，包装外形或装饰无缺陷；商品包装牢固；商品无损伤，如撞击、变形、破碎等；商品不得被雨、雪、油等污染，无潮湿、霉腐、生虫、变质等现象；外包装完好无损，无拆箱迹象，外包装箱上的货号、品名、规格、型号与订货单上的内容一致。

外观检验同时要求对箱内商品进行抽检。箱内商品抽检分为两种情况，一种情况是自带销售包装的商品，主要是对商品外观特征及内容物进行观察；另一种情况是无固定包装的散售商品，直接观察商品本身。

## 二、商品外观检验的标准

1. 饮料类商品的外观检验标准

（1）饮料类商品外观特征要求

表面无锈渍，无胀罐现象，外包装无划痕，标签平整无脱落。

（2）饮料类商品内容物要求

透明型饮料应透明；加味汽水类饮料应无沉淀且不分层；果汁类饮料注明“有果肉沉淀”或“允许有少量沉淀”等字样，方可允许有少量细小果肉沉淀，且同一商品的色泽应一致。

2. 烟类商品的外观检验标准

（1）外包装无湿痕和挤皱现象。

（2）侧面应有烟草专卖激光防伪标志。

（3）包装纸应透明、平整、美观，且无划痕、污渍、破损。

（4）印刷清晰、厂名明确，烟型、碱量、焦油含量应标注清楚，并标有“吸烟有害健康”字样。

3. 酒类商品的外观检验标准

（1）酒类商品外观特征要求

1）外包装无湿痕或酒精外溢现象。

2）商标整洁、完整，无破损、污渍，且端正清晰，酒精含量、保质期应标注清楚。

3）酒瓶无破损现象，封口应严密。

（2）酒类商品内容物要求

1）浓香型白酒应无色透明或微黄，无悬浮物、沉淀物；酱香型白酒应无色（或微黄）透明，无悬浮物、沉淀物；清香型白酒应无色、清亮，无悬浮物、沉淀物；米香型白酒应无色透明，无悬浮物、沉淀物；其他香型白酒应无色（或微黄）透明，无悬浮物、沉淀物。

2）果酒应与原料本色相同且透明、清亮，不应有混浊现象。

3）黄酒应透明或浅黄，无沉淀物。

4）配制酒应具有该品种独特的令人喜爱的柔和颜色。

5）洋酒多为琥珀色且澄清透明，无沉淀物。

6）啤酒应无沉淀物，酒瓶应为 B 型瓶，标签无脱落，瓶身无明显划痕。

### 4. 化妆品类商品的外观检验标准

(1) 化妆品类商品外观特征要求

1) 外包装箱完整无损，商品外包装良好无划痕，字迹清晰无重影等。

2) 保质期与生产日期标注清楚。

3) 瓶装商品与袋装商品无膨胀、撒漏现象。

4) 纸类商品包装完好，无破损、污渍现象。

(2) 化妆品类商品内容物要求

1) 瓶装商品无半瓶现象。

2) 护发类商品无液体溢出和气泡现象。

### 5. 肉类商品的外观检验标准

(1) 猪肉的外观检验标准

1) 表面有干膜，干膜的颜色呈粉红色或淡红色，新切的断面微湿、有弹性、无黏度，指压后的部位可迅速恢复原状。

2) 肉呈白色或淡红色，柔软且有弹性；肉皮白净，毛少或无毛，有正常肉味。

3) 冻猪肉颜色均匀，有光泽，脂肪洁白，无霉点；肉质紧密、坚实；外表及切面微湿，不粘手，无异味。

(2) 牛肉的外观检验标准

1) 鲜牛肉颜色暗红，有光泽，脂肪洁白或呈淡黄色，肉质纤维细腻、紧密、坚实，切面微湿、有弹性，指压后的部位可迅速恢复原状。

2) 冻牛肉颜色均匀，有光泽，脂肪洁白或呈微黄色，肉质纤维细密、坚实，外表风干，有风干膜。

(3) 羊肉的外观检验标准

1) 鲜羊肉颜色鲜艳或呈淡红色，有光泽，脂肪洁白或呈乳白色，弹性好，指压后的部位可迅速恢复原状，肉质纤维细软，少有脂肪夹杂，有膻气。

2) 冻羊肉颜色鲜艳或呈淡红色，有光泽，脂肪洁白，结构紧密，肌肉纤维韧性好，外表风干，有风干膜，有膻气。

### 6. 果蔬类商品的外观检验标准

(1) 水果的外观检验标准

1) 外观：指颜色、大小、形状、软硬度、整齐度、结构等，通过视觉和触觉进行验收。

2) 口感：多汁、新鲜、嫩度等，通过味觉、视觉、触觉等来进行判断。

3) 外表洁净，无污染。

（2）蔬菜的外观检验标准

1）完整：无病虫害、生理病害及严重污染，通过视觉和仪器进行验收。

2）外观：指颜色、大小、形状、外表、整齐度等，通过视觉和触觉进行验收。

3）口感：新鲜度、浓度、多汁等，通过味觉、视觉、触觉加以判断。

**7. 茶叶的外观检验标准**

（1）各类茶叶的特点

1）红茶：红茶在制茶时，其鲜叶的茶多酚生成了氧化产物，俗称发酵，因此，红茶具有干茶色泽乌润、汤色红亮的特点，并有红茶特有的香气和滋味。

2）绿茶：具有外观翠绿、色绿汤清、叶底嫩绿的“三嫩”特点。

3）乌龙茶：又称青茶，属半发酵茶。

4）花茶：花茶是用做好的茶坯加入鲜花制成的再制茶，主要有茉莉花茶、玉兰花茶、玫瑰花茶、珠兰花茶等。

5）紧压茶：紧压茶是以特制的毛茶和绿茶、红茶的副茶为原料，经过蒸茶、装模或装篓制成的茶。

（2）茶叶的检验标准

1）感官：将干茶捧在手上对着光线检视，看茶叶的颜色是否光鲜。

2）看外形：主要是观察外形、色泽、匀净度等，外形应肥壮、重实。

3）嗅香气：手捧且埋头贴近茶叶，吸三口气，先嗅香气是否突出，再区别香气高低、长短、强弱等。嗅香时采用热嗅、温嗅、冷嗅相结合的方法。

4）尝滋味：用茶匙舀取适量的茶汤入口（一定不要太多），通过舌头在口腔中做吮吸打转滚动，使口腔各部位的味细胞做出综合的滋味感应。优质的茶滋味醇厚，醇而带爽，厚而不涩。

**8. 服装类商品的外观检验标准**

（1）检验中文标志，如厂名、厂址、商标、成分、洗涤说明、型号等。

（2）检验服装的重点部位，查看有无明显的疵点，如前身、领部、袖子等。

（3）检查有无色差，前后身、上下装颜色有无明显的区别，有无花色、掉色现象等。

（4）检查对条、格服装的要求。对条、格服装的检验主要是服装的条和格要相对应，如左右侧与前身、手巾袋与前身、袖子与前身、袖缝、背缝、背缝与后领面、领子与驳头、摆缝、袖子等。

（5）检查对倒顺毛、阴阳格、原料与全身顺向一致。

（6）检查裤子立裆必须双线、纱向不得纬斜、衬衫领部不得拼凑、门襟要平服顺直、条格要对称。

（7）衬衫领、西装、大衣前身不能出现起泡现象。

（8）儿童服装的花色拼接要规范，色牢度要好，装饰物牢固且不得粘贴，纽扣要钉牢。

**9. 皮革制品的外观检验标准**

（1）外观要求

革面：光滑细致，无裂纹、褶皱和松面等现象。

革里：厚薄均匀，丰满柔软，有弹性，革里平整，无油腻感。

颜色：均匀一致，色彩鲜艳，图饰层粘贴牢固，无脱色和裂浆现象。

抗张力强度和撕裂强度要达到标准。

（2）做工要求

衣里料：与面料色彩要协调，用线和用料颜色要相似。

针线针脚：明线针脚均匀，线路顺直，整齐且松紧适宜，不得跳线、断线和有明显的重线及露线。

针眼、暗线不得露缝。

扣与扣眼：扣与扣眼要定位准确，大小适宜，钩扣钉牢。

熨烫：熨烫平整、整洁，无变色、亮光等。

门襟：自然下垂时挺直，下角不里卷、外翘，大襟与底襟长短一致。

**10. 羽绒服装的外观检验标准**

（1）羽绒服装的含绒量、蓬松度、透明度要符合标准。羽绒服装验收依据见表 1—4。

**表 1—4　　羽绒服装验收依据**

| 项目 | 标准规定指标 | 实测数据 | 判定结果 |
|---|---|---|---|
| 含绒量（%） | 成人约 72<br>儿童约 43 | 71.5 | 合格 |
| 蓬松度（%） | ≥499 | 40.5 | 合格 |
| 透明度 | ≥250 | 270 | 合格 |
| 耗氧指数 | ≤10 | 5.6 | 合格 |
| 气味 | ≤2 | 0 | 合格 |

（2）检查羽绒色差、外观疵点及缝制。

色差：明显色差、轻微色差等。

疵点：粗纱、大肚纱、接头、跳纱等。

缝制：针脚标准，线路直顺、牢固，无跳针、重针等。

色泽：缝纫线的色泽与面料相适应。

## 技能要求

# 商品外观质量验收

## 一、操作准备

各类商品若干（以“欧莱雅化妆品”验收为例）。

商品送货单据见表 1—5。

表 1—5　　商品送货单据

客户名称：××商场化妆品专柜　　订单号码：0021

交货地址：北京市××路××号　　交货日期：2010 年 5 月 25 日

| 序号 | 商品名称 | 货号 | 规格 | 单价（元） | 单位 | 发货箱数 | 金额（元） | 厂家名称（地址） |
|---|---|---|---|---|---|---|---|---|
| 1 | 欧莱雅抗皱洁面乳 100 mL | 1034 | 100 mL×12 | 95 | 箱 | 5 | 5 700 | 法国欧莱雅集团公司 |
| 2 | 欧莱雅新肌源洁面膏 100 mL | 1035 | 100 mL×20 | 85 | 箱 | 3 | 5 100 | |
| 3 | 欧莱雅控油保湿爽肤水 125 mL | 1036 | 125 mL×20 | 80 | 箱 | 3 | 4 800 | |
| 4 | 欧莱雅凝养纤体紧致乳 250 mL | 1037 | 250 mL×24 | 108 | 箱 | 2 | 5 184 | |
| 合计（元） | 贰万零柒佰捌拾肆元整 | | | | | | | |

仓库员：　　主管：　　核准：　　制单：

发货单位：××配送中心　　地址：杭州市××街×号

发货人姓名：××　　电话：

## 二、操作步骤

**步骤 1　查看发货单据**

进货、送货单据与订货合同要逐一核对，相符后才可进行下一步的实物验收。

**步骤 2　检查商品品名**

查看商品包装箱上所标商品品名。

**步骤 3　检查生产厂家名称、地址**

查看商品所标生产厂家名称、地址。

**步骤 4　查看商品生产日期**

检查商品是否标注生产日期。

**步骤 5　查看商品保质期**

检查商品是否标注保质期，是否符合保质期要求，是否属临近保质期范围。

**步骤 6　货、单核对**

商品实物与单据内容进行核对。

**步骤 7　检查商品外观**

对于整箱商品，检查整体包装完好程度。

**步骤 8　抽检商品质量**

任意打开一箱商品，检查商品有无挤压、磕碰现象，内包装是否完好等。

**步骤 9　签单**

对验收合格的商品填写商品验收单（见表 1—3）。

## 三、注意事项

（1）根据所经营商品的具体情况，掌握商品保质期范围，保质期临近的应及时与供货方交涉。

（2）属于“三无”产品且未出具质量报告的商品，应予退回。

（3）对质量不合格的商品要及时返回生产厂家。

# 第 2 节　鉴 别 商 品

## 学习单元 1　鉴别商品标志

### 学习目标

➢ 了解鉴别商品标志、质量认证标志有关知识。

➢掌握鉴别各种商品标志的方法。

➢能够准确辨别各种商品标志。

## 知识要求

商品标志鉴别是指销售者按照法律法规以及合同的规定，对进货产品所标各种标志的检验。商品标志检验是商品进货验收的重要组成部分。

### 一、商品标志鉴别常识

#### 1. 商品标志主要内容

（1）产品检验合格证。

（2）产品名称，包括其自然属性，如规格、型号、成分含量、用法、生产批号、出厂日期、保质期等。

（3）生产厂家名称、地址。

（4）执行标准编号。

（5）优质产品、特殊产品应有安全使用说明。

（6）产品的生产许可证上应有许可证编号、批准日期、有效期限等。

（7）机器设备、装置及耐用消费品还要标明产品的技术参数、使用寿命、使用范围、安装维修使用方法、注意事项等。电器产品应有线路图和原理图。

（8）定量包装产品应注明实际质（重）量、净质（重）量。

（9）具有相应的商品质量认证标志。

（10）具有商标、条形码等。

#### 2. 商品标志标注要求

各种商品标志根据国家的不同规定，标注要求也不相同，这里以食品标志为例进行说明。

《食品卫生管理法》所称的标志，是指标示于食品、食品添加物或食品洗洁剂的容器、包装或说明书上的品名、说明文字、圈画或记号。其标示的事项应包括：

（1）有容器或包装的食品、食品添加物或食品洗洁剂，应在容器或包装上用中文及通用符号显著标示下列事项：

1）品名。食品应使用国家标准所定的名称，无国家标准者，可自定名称。食品添加物应依主管机关规定的名称来标示。依相关规定自定品名者，其名称应与主要原料有关。

2）内容物名称及质（重）量、容量或数量。若为两种以上混合物时，应分别标明：

①以公制标示质（重）量、容量。

②液体与固体混合者，分别标明内容量及固体量。

③内容物含量应视食品性质分别注明为最低、最高含量。

3）食品添加物名称。食品添加物名称须依《食品添加物使用范围及用量标准》上的名称来标示。

4）制造厂商名称、地址。进口商品应加注进口厂商的名称与地址。

5）制造日期。经主管机关公告指定须标注保存期限或保存条件者，应一并标明。《食品卫生管理法施行细则》规定，制造日期应按习惯能辨明的方式标明年、月、日。

6）其他经主管机关公告指定的标示事项。

（2）对于食品、食品添加物或食品洗洁剂的标示，不能虚夸或者使人误认为有医药的效能。

（3）国内制造者，其标示如兼用外文时，字样不得大于中文。

（4）国外进口者，由进口单位在销售前依规定标示中文。

（5）经改装、分装者，应标注改装者或分装者的名称及地址。

（6）食品、食品添加物或食品洗洁剂经各级主管机关抽样检验者，不得以其检验结果作为标志、宣传或广告。

**3. 商品标志检验基本要求**

现以食品标志为例，介绍商品标志检验的基本要求。基本要求包括：

（1）食品标签不得与包装容器分开。

（2）食品标签的一切内容不得在流通环节中变得模糊甚至脱落，必须保证消费者购买和食用时醒目、易于辨认和识读。

（3）食品标签的一切内容必须清晰、简要、醒目。文字、符号、图形应直观、易懂，背景和底色应采用对比色。

（4）食品名称必须位于标签的醒目位置。食品名称和净含量应处于同一视野内。

（5）食品标签所用文字必须是规范的汉字。可以同时使用汉语拼音，但必须拼写正确，不得大于相应的汉字。可以同时使用少数民族文字或外文，但必须与汉字有严密的对应关系，外文不得大于相应的汉字。

（6）食品标签所用的计量单位必须以国家法定计量单位为准，如质量单位为 g 或克、kg 或千克，体积单位为 mL 或毫升、L 或升。

## 二、商品质量认证标志常识

商品质量认证是指由可以充分信任的第三方证实某一经鉴定的产品或服务符合特定标准或其他技术规范的活动。

商品质量认证是对商品符合标准的一种证明活动，其促进了商品质量的提高，为消费者提供了质量信息，减少了社会重复检验评价费用。

我国于1991年颁布的《中华人民共和国产品质量认证管理条例》第二条规定，产品质量认证是依据产品标准和相应技术要求，经认证机构确认并通过颁发认证证书和认证标志来证明某一产品符合相应标准和相应技术要求的活动。

《中华人民共和国产品质量法》第十四条规定，国家根据国际通用的质量管理标准，推行企业质量体系认证制度。企业根据自愿原则可以向国务院产品质量监督部门认可的或者国务院产品质量监督部门授权的部门认可的认证机构申请企业质量体系认证，经认证合格的，由认证机构颁发企业质量体系认证证书。

### 1. 中国强制认证标志（见图 1—1）

中国强制认证的英文为 China Compulsory Certification，简称“CCC”认证，又称“3C”认证。强制性产品认证制度是各国政府为保护广大消费者人身和动植物生命安全，保护环境，保护国家安全，依照法律法规实施的一种产品合格评定制度。对涉及健康、安全、卫生、环境保护的产品实施新的强制性产品认证制度，是我国兑现入世承诺，按照国际通行规则建立的认证认可管理体制的重大举措，为在社会主义市场经济体制下加强质量管理、规范市场和维护消费者权益提供了制度保证，对促进我国全面建设小康社会具有重要意义。

强制性产品认证主要通过制定强制性产品认证的产品目录和实施强制性产品认证程序，对列入强制性产品认证的产品目录中的产品实施强制性检测和审核。

凡列入强制性产品认证的产品目录内的产品，没有获得指定认证机构的认证证书，没有按照规定标示认证标志，一律不得进口、出口销售和在经营性活动中使用。

列入《第一批实施强制性产品认证的产品目录》中的产品包括音视频设备、信息技术设备、照明设备等19大类132种。

“3C”标准是国家强制标准，凡在目录内的产品必须认证，否则不允许销售。

### 2. 食品质量安全标志（见图 1—2）

QS是英文“质量安全”（Quality Safety）的字头缩写，是工业产品生产许可证标志的组成部分，也是取得工业产品生产许可证的企业在其生产的产品外观上标

图 1—1　中国强制认证标志

图 1—2　食品质量安全标志

示的一种质量安全外在表现形式。《中华人民共和国工业产品生产许可证管理条例实施办法》第八十六条规定："工业产品生产许可证标志由'质量安全'英文(Quality Safety)字头(QS)和'质量安全'中文字样组成。标志主色调为蓝色，字母'Q'与'质量安全'四个中文字样为蓝色，字母'S'为白色。"

依据相关法规，食品生产加工企业在食品外包装上加贴 QS 标志必须具备三个要件：

(1) 属于国家质检总局按照规定程序公布的实行食品质量安全市场准入制度的食品。目前有粮食加工品、食用油等 28 大类食品纳入国家食品质量安全市场准入制度。

(2) 从事该食品生产的企业已经取得食品生产许可证并在有效期内。

(3) 出厂的食品经过强制性检验合格，准许进入市场销售。

**3. 中国名牌标志 (见图 1—3)**

中国名牌产品标志是用象征经济发展指标的四个箭头图案组合成汉字"中国名牌"的"名"字和"品评名牌"的"品"字，简洁、形象、直观地表达了"品评中国名牌"带动企业技术创新，增强企业国际竞争力，推动中国经济发展的评价宗旨。四个箭头还是四个向上腾飞的阿拉伯数字"1"，形象、生动、丰富地象征着中国名牌评价的四个第一的品质标准，即四大评价指标、四大核心理念和"科学、公平、公开、公正"四项评价原则。标志中的一大四小五颗五角星象征着新世纪的"中国名牌"脱颖而出，并带动中国企业不断创新、争创名牌的含义。五颗五角星正好吻合"五星级"的概念，

图 1—3　中国名牌标志

在表达品质的同时，预示着通过中国名牌战略的推进必将会带动中国经济的腾飞。四个箭头还是英文“Best”和“Business”缩写字头“B”，直观地预示着中国名牌的品格属性和商业特质。整体造型采用具有中国特色的图章样式，形象、直观地表达了中国名牌认证的严肃性和权威性。

中国名牌产品是指实物质量达到国际同类产品先进水平、在国内同类产品中处于领先地位、市场占有率和知名度居行业前列、用户满意程度高、具有较强市场竞争力的产品。

国家质检总局于2001年12月29日以12号总局令的形式发布了《中国名牌产品管理办法》，授权中国名牌战略推进委员会统一组织实施中国名牌产品的评价工作，并推进中国名牌产品的宣传、培育工作。

中国名牌产品证书的有效期为3年。在有效期内，企业可以在获得中国名牌产品称号的产品及其包装、装潢、说明书、广告宣传以及有关材料中使用统一规定的中国名牌产品标志，并注明有效期。中国名牌产品在有效期内，免于各级政府部门的质量监督检查。对符合出口免检有关规定的，依法优先予以免检。

取得中国名牌认证必须具备以下条件：

（1）符合国家有关法律法规和产业政策的规定。

（2）实物质量在同类产品中处于国内领先地位，并达到国际先进水平；市场占有率、出口创汇率、品牌知名度居国内同类产品前列。

（3）年销售额、实现利税、工业成本费用利润率、总资产贡献率居本行业前列。

（4）企业具备先进可靠的生产技术条件和技术装备，技术创新、产品开发能力居行业前列。

（5）产品按照国际标准或我国标准组织生产。

（6）企业具有完善的计量检测体系和计量保证能力。

（7）企业质量管理体系健全并有效运行，未出现重大质量责任事故。

（8）企业具有完善的售后服务体系，顾客满意程度高。

**4. 中国环境标志（见图1—4）**

中国环境标志（简称十环标志）是目前国家环保总局颁发给符合环保要求的企业（或产品）的权威性认证标志，是我国政府的环保证明性商标，同时也是目前国内公认的环保产品的最高等级和权威认证。中国环境标志认证又称为“十环”认证，得名于中国环境标志的十个环。标志中的太阳、青山、绿水象征人类赖以生存的环境，外围的十环表示公众参与，共同维护，寓意为“全民联合起来，共同保护人类赖以生存的环境”。

图 1—4　中国环境标志

(1) 中国环境标志认证特点

1) 公开透明。主要是指环境标志计划相关信息的可获得性。Ⅰ型环境标志计划制订和实施的各个阶段都应具有透明度，所有满足给定产品种类的产品环境准则和其他计划要求的申请者，都必须有资格能被授予环境标志许可证并授权使用标志。

2) 第三方认证。经独立的第三方认证机构严格履行 ISO 14024 国际标准，按照“公正、公开、公平”原则进行严格的审核。通过独立第三方制定标准和进行审核，消费者可以确信生产商的产品、服务真正有利于环境改善。

3) 产品的规模效应。所有认证企业均应具备较强的生产能力以及较大的生产规模，以确保认证产品的持续稳定性，并维护消费者的利益。

4) 其他国际通行标准。对于在国际标准框架下的通行标准，可被直接借鉴引用于环境标志产品认证计划，以避免重复劳动并提高产品认证效率。

5) 明确的环境标志产品标准。Ⅰ型环境标志须预先制定产品的技术要求，以作为产品认证的技术依据。目前，环境标志产品技术要求已经上升到国家环保标准的高度，更加体现其权威性。

(2) 取得中国环境标志认证必须具备以下条件：

1) 中华人民共和国境内企业应持有工商行政主管部门颁发的企业法人营业执照，境外企业应持有有关机构的登记注册证明。

2) 具有产品质量认证证书或产品生产许可证或经认可的检验机构出具一年内产品质量合格证明。

3) 企业近期（一年内）未受到当地环保部门的处罚。

(3) 认证产品种类

认证产品种类主要包括：家具、建筑材料（如水性涂料、溶剂型涂料、木地板、胶黏剂、壁纸、陶瓷砖、卫生陶瓷、门窗、水泥、混凝土、墙体板材）、家用电器（如电冰箱、电视机、洗衣机、空调、节能灯）、日用品、纺织品、汽车、办公设备（如计算机、复印机、打印机、传真机）、油墨、再生鼓粉盒、生态住宅、太阳能（如热水系统、集热器）等。

5. 中国节能认证标志（见图 1—5）

图 1—5　中国节能认证标志

中国节能产品认证标志由英文“energy”的第一个字母“e”构成一个圆形图案，中间包含一个变形的汉字“节”，寓意为节能。缺口的外圆又构成“China”的第一个字母“C”，“节”的上半部简化成一段古长城的形状，与下半部构成一个烽火台的图案，一起象征着中国。“节”的下半部又是“能”的汉语拼音第一个字母“n”。整个图案中包含中英文，整体图案为蓝色，象征着人类通过节能活动把蓝色还给天空和海洋。

节能产品认证是指依据国家相关的节能产品认证标准和技术要求，按照国际通行的产品质量认证规定与程序，经中国节能产品认证机构确认并通过颁发认证证书和节能标志，证明某一产品符合相应标准和节能要求的活动。中国质量认证中心是经国家主管部门授权开展此项工作的认证机构。

取得节能产品认证的企业及其产品必须具备以下条件：

（1）中华人民共和国境内企业应持有工商行政主管部门颁发的企业法人营业执照，境外企业应持有有关机构的登记注册证明。

（2）受审核方的质量体系符合 ISO 9002：1994《质量体系——生产、安装和服务的质量保证模式》或等同采用 ISO 9002：1994 国家标准的要求及中国节能产品认证中心的补充要求。

（3）产品在国家颁布的可开展节能产品认证的产品目录范围内。

（4）产品具有生产许可证，质量稳定可靠，能正常批量生产，有足够的供货能力，提供售前、售后的优质服务和备品、备件的保证供应。

（5）产品依据中国节能产品认证中心确认的产品标准或技术要求组织生产。

（6）产品节能性能符合中国节能产品认证中心确认的能效标准或制定的技术要求的规定。

国家按照量大面广等优先次序已陆续开展了家电、办公、机械、电力、照明、建筑节能等多个领域超过 50 多种产品的节能认证工作。

6. 国家免检产品标志（见图 1—6）

国家质量监督检验检疫总局统一规定的免检标志呈圆形，正中位置为“免”字汉语拼音字首“M”的正、倒连接图形，上实下虚，意指免检产品的外在质量及内在质量都符合国家有关法律法规的要求。在这一中心图案上方，有“国家免检产品”字样，显示了国家免检的权威性。图案下方为呈弧形排列的“国家质量监督检验检疫总局”12 个字及其英文缩写“AQSIQ”，表明“国家免检产品”的认证机构。

图 1—6　国家免检产品标志

免检是指对符合规定条件的产品免于政府部门组织实施的质量监督检查的活动。如果一家企业的某种产品获得了免检资格，在免检有效期内，一是包括国家、省、市、县各级政府部门在内均不得对其进行质量监督检查；二是全国各个省份均不得对其进行质量监督检查；三是无论是生产领域还是流通领域，均不得对其进行质量监督检查。但是，免检产品也并不是处于失控状态，《产品免于质量监督检查管理办法》规定，用户、消费者有权对免检产品进行社会监督。当免检产品出现质量问题时，用户、消费者可以向生产企业所在地的质量技术监督部门申诉和举报。质量技术监督部门按照法律法规及有关规定进行处理。

取得国家免检产品认证必须具备以下条件：

（1）企业具备独立的法人资格，产品质量长期稳定，并且有完善的质量保证体系。

（2）产品市场占有率、企业经济效益在本行业内排名前列。

（3）产品标准达到或者严于国家标准、行业标准要求。

（4）产品经省级以上质量技术监督部门连续 3 次以上（含 3 次）监督检查均为合格。

（5）产品符合国家有关法律法规的要求和国家产业政策。

获得免检证书的企业在免检有效期内可以自愿在免检产品或者其包装上使用规定的免检标志。使用的免检标志应当注明获准免检的时间及有效期。免检的有效期为 3 年。免检到期后产品需要继续免检的，企业应当重新申请。

7. **绿色食品标志（见图 1—7）**

绿色食品标志是由绿色食品发展中心在国家工商行政管理总局商标局正式注册的质量证明标志。它由三部分构成，即上方的太阳、下方的叶片和中心的蓓蕾，象征着自然生态；颜色为绿色，象征着生命、农业、环保；图形为正圆形，意为保护。AA 级绿色食品标志与字体为绿色，底色为白色；A 级绿色食品标志与字体为白色，底色为绿色。整个图形描绘了在明媚阳光照耀下的和谐生机，告诉人们绿色食品是出自纯净、良好生态环境的安全、无污染的食品，能给人们带来蓬勃的生命力。

A级绿色食品标志（左）
AA级绿色食品标志（右）

图 1—7　绿色食品标志

（1）取得绿色食品标志认证必须具备以下条件：

1）产品或产品原料产地必须符合绿色食品生态环境质量标准。

2）农作物种植、畜禽饲养、水产养殖及食品加工必须符合绿色食品生产操作规程。

3）产品必须符合绿色食品质量和卫生标准。

4）产品外包装必须符合国家食品标签通用标准，符合绿色食品特定的包装、装潢和标签规定。

（2）绿色食品标志的编号

中国绿色食品发展中心对许可使用绿色食品标志的产品进行统一编号，并颁发绿色食品标志使用证书。编号形式为：LB—××—××××××××××。“LB”是绿色食品标志代码，后面的两位数字代表产品分类，最后十位数字含义如下：一、二位是批准年度，三、四位是批准月份，五、六位是省区，七、八、九位是产品序号，最后一位是产品级别（A 级为“1”，AA 级为“2”）。从序号中能够辨别出此产品相关信息，同时鉴别出“绿标”是否已过使用期限。

（3）绿色食品标志的有效期

通过绿色食品认证的产品可以使用统一格式的绿色食品标志，有效期为 3 年，时间从通过认证并获得证书当日算起，期满后，生产企业必须重新提出认证申请，获得通过才可以继续使用该标志，同时更改标志上的编号。从重新申请到获得认证为半年，在这半年中，允许生产企业继续使用绿色食品标志。如果重新申请没能通过认证，企业必须立即停止使用标志。另外，在 3 年有效期内，中国绿色食品发展中心每年还要对产品按照绿色食品的环境、生产及质量标准进行检查，如不符合规定，中心会取消该产品使用标志。

**8. 中国有机产品标志（见图 1—8）**

中国有机产品标志的主要图案由三部分组成，即外围的圆形、中间的种子图形及其周围的环形线条。标志外围的圆形形似地球，象征和谐、安全，圆形中的“中国有机产品”字样为中英文结合方式，既表示中国有机产品与世界同行，也有利于国内外消费者识别。标志中间类似于种子的图形代表生命萌发之际的勃勃生机，象征有机产品是从种子开始的全过程认证，同时昭示出有机产品就如同刚刚萌发的种子，正在中国大地上茁壮成长。种子图形周围圆润自如的线条象征环形道路，与种子图形合并构成汉字“中”，体现出有机产品植根中国，有机之路越走越宽广。同时，处于平面的环形是英文字母“C”的变体，种子形状是“O”的变形，意为“China Organic”。绿色代表环保、健康，表示有机产品给人类的生态环境带来完美与协调。橘红色代表旺盛的生命力，表示有机产品对可持续发展的作用。

图 1—8　中国有机产品标志

（1）有机食品主要品种

目前经认证的有机食品主要包括一般有机农作物产品、有机茶产品、有机食用菌产品、有机畜禽产品、有机水产品、有机蜂产品、采集的野生产品及以上述产品为原料的加工产品。国内市场销售的有机食品主要是蔬菜、大米、茶叶、蜂蜜等。

（2）有机食品判断标准

1）原料来自于有机农业生产体系或野生天然产品。

2）有机食品生产加工过程中必须严格遵循有机食品生产、采集、加工、包装、储藏、运输标准，禁止使用化学合成的农药、化肥、激素、抗生素、食品添加剂等，禁止使用基因工程技术及该技术的产物及其衍生物。

3）有机食品生产加工过程中必须建立严格的质量管理体系、生产过程控制体系和追踪体系，因此，需要有转换期，这个转换过程一般需要 2～3 年，才能够被批准为有机食品。

4）有机食品必须通过合法的有机食品认证机构的认证。

（3）有机食品标志的使用年限

有机食品标志认证一次有效许可期限为一年。一年期满后可申请“保持认证”，通过检查、审核合格后方可继续使用有机食品标志。

**9. 保健食品标志（见图 1—9）**

保健食品标志为天蓝色图案，下有“保健食品”字样，俗称“蓝帽子”。国家工商总局和卫生部发出的通知中规定，在影视、报刊、印刷品、店堂、户外广告等可视广告中，保健食品标志所占面积不得小于全部广告面积的 1/36。其中报刊、印刷品广告中的保健食品标志的直径不得小于 1 cm。

为了规范我国的保健（功能）食品市场，国家质量技术监督局于 1997 年发布了 GB 16740—1997《保健（功能）食品通用标准》，同年 5 月 1 日起实施。标准规

图 1—9　保健食品标志

定了保健（功能）食品定义、产品分类、基本原则、技术要求、试验方法和标志要求。

(1) 保健食品的分类

保健（功能）食品，一是提供营养；二是增进食品的色、香、味、形；三是调节人体机能。标准规定，保健（功能）食品应有与功能作用相对应的功效成分及其最低含量。功效成分是指能通过激活酶的活性或其他途径，调节人体机能的物质，目前主要包括：

1）多糖类：如膳食纤维、香菇多糖等。

2）功能性甜味料（剂）：如单糖、低聚糖、多元醇糖等。

3）功能性油脂（脂肪酸）类：如多不饱和脂肪酸、磷脂、胆碱等。

4）自由基清除剂类：如超氧化物歧化酶（SOD）、谷胱甘酞过氧化酶等。

5）维生素类：如维生素 A、维生素 C、维生素 E 等。

6）肽与蛋白质类：如谷光甘肽、免疫球蛋白等。

7）活性菌类：如聚乳酸菌、双歧杆菌等。

8）微量元素类：如硒、锌等。

9）其他类：二十八醇、植物甾醇、皂甙（苷）等。

(2) 保健食品的功能

我国卫生部于 2000 年通过了 22 项保健食品的保健功能，具体如下：免疫调节功能、延缓衰老功能、改善记忆功能、调节血脂功能、调节血糖功能、调节血压功能、改善视力功能、改善睡眠功能、促进排铅功能、减肥功能、美容功能、抗疲劳功能、抗辐射功能、抗突变功能、耐缺氧功能、清咽润喉功能、改善胃肠道功能、改善骨质疏松功能、促进生长发育功能、改善营养性贫血功能、对化学性肝损伤的保护功能、促进泌乳功能。

(3) 相关概念的区分

1）“食字”产品：一般为含有营养成分的食品或含有新资源的食品，由地方卫生部门审批，食品批准文号如“×食监字”。由卫生部审批、含有新资源食品的批准文号为“×卫新食字”。“食字”产品不能宣传药用功效，但可以介绍产品所含主要成分的功效。

2）“食健字”产品：我国制定的《保健食品管理办法》规定，具有特定保健功能的食品，称为保健食品，需经国务院卫生行政部门审批，其批准文号为“×食健字”。“食健字”产品可以宣传国务院卫生行政部门批准的保健功能的有关内容。

3）“药健字”产品：具有特定保健营养功能的药品，称为保健药品。由国务院卫生行政部门严格审批，其批准文号为“×卫药健字”。

## 技能要求

### 鉴别商品标志

#### 一、操作准备

以鉴别“维维女士豆奶粉”标志为例，如图 1—10 和图 1—11 所示。

图 1—10　产品合格证

#### 二、操作步骤

**步骤 1　查看产品检验合格证**

产品质量检验合格证明是指生产者或其产品质量检验机构、检验人员等，为表明出厂的产品经质量检验合格而附于产品或者产品包装上的合格证书、合格标签等。产品质量检验合格证明的形式主要有三种：合格证书、合格标签和合格印章。

该产品采用的是合格标签的形式。

**步骤 2　查看产品名称**

包括其自然属性，如规格、型号、成分含量、用法、生产批号、生产日期、保质期等。

该产品包装袋背面明确标有本品特点、配料、食用方法、保质期、储存条件、生产日期、批号、工厂代码等内容。

**步骤 3　查看生产厂家名称、地址**

该产品包装袋侧面明确标有生产厂家名称、地址。包装另一侧则将维维食品有

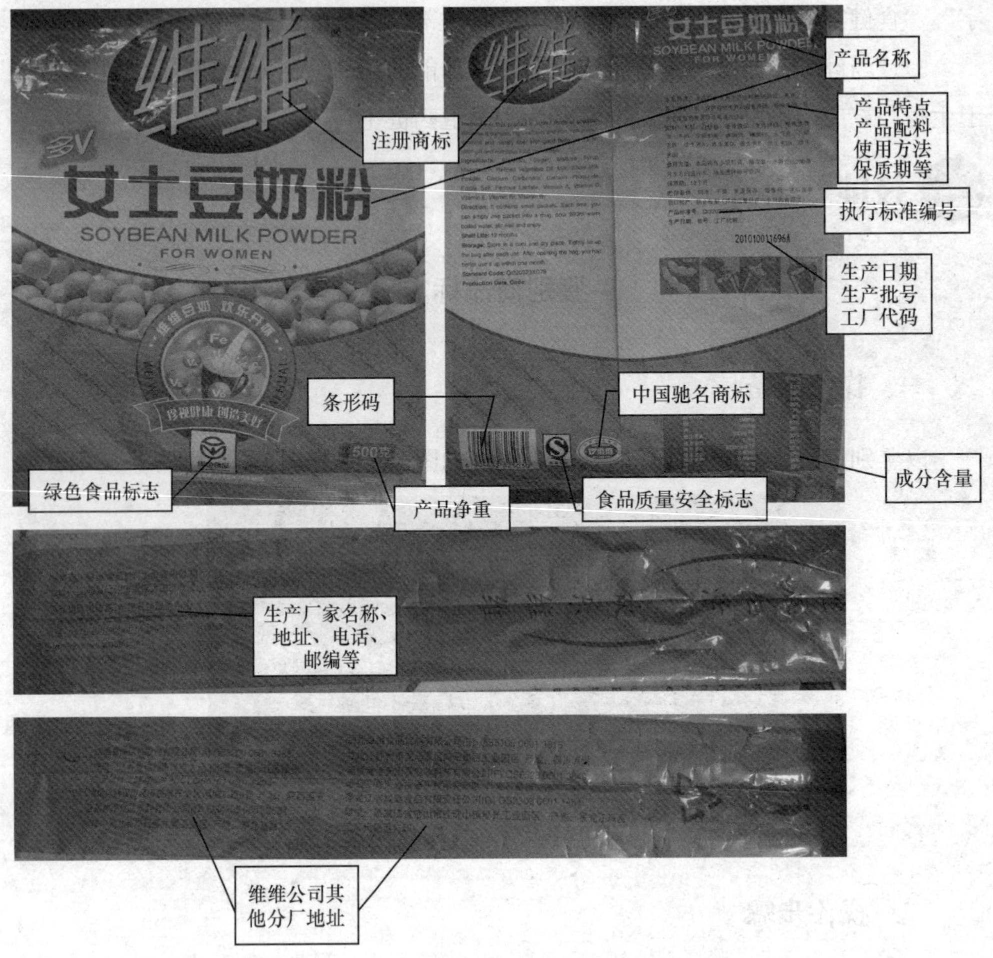


图 1—11 “维维女士豆奶粉”标志

限公司在全国各地的 6 家分厂厂名、厂址同时加以注明。

**步骤 4 查看标准编号**

该产品标准编号标注在包装袋背面。

**步骤 5 查看商标及条形码**

该产品包装正反两面都标有“维维”注册商标，包装背面标有“维维中国驰名商标”和条形码标志。

**步骤 6 查看产品净重量包装说明**

该产品包装正面右下角标有产品净含量及内有小袋包装明示。

**步骤 7 查看各种认证标志**

该产品包装正面标有经中国绿色食品发展中心许可使用的“绿色食品”标志，

包装背面标有“QS 质量安全”标志。

### 三、注意事项

(1) 分清哪些标志是必备的。

(2) 标志标注应具有清晰性和耐久性。

## 学习单元 2 鉴别商品质量分级

### 学习目标

- 了解商品质量分级的概念。
- 掌握商品质量等级的识别方法。
- 能够对商品质量优劣进行鉴别。

### 知识要求

### 一、商品质量分级的概念

商品质量分级是指对同一品种的商品，按其达到商品质量标准的程度所确定的等级。它是表示商品质量高低优劣的标志，也是表示商品在某种条件下适合其用途大小的标志，是商品鉴定的重要内容之一。

商品品级是相对的、有条件的，有时会因不同时期、不同地区、不同使用条件及不同个性而产生不同的质量等级和市场需求。一般来说，工业品分为三个等级，而食品特别是农副产品、土特产等多为四个等级，最多达到六七个等级，如茶叶、棉花、卷烟等。

按照《工业产品质量分等导则》的规定，商品质量水平划分为优等品、一等品和合格品三个等级。

#### 1. 优等品

优等品是指商品的质量标准必须达到国际先进水平，且实物质量水平与国外同类产品相比达到近 5 年内的先进水平。

2. 一等品

一等品是指商品的质量标准必须达到国际一般水平，且实物质量水平达到国际同类产品的一般水平。

3. 合格品

合格品是指按照我国一般水平标准组织生产，实物质量水平必须达到相应标准的要求。

商品质量等级的评定，主要依据商品的标准和实物质量指标的检测结果，由行业归口部门统一负责。优等品和一等品等级的确认，须有国家级检测中心、行业专职检验机构或受国家、行业委托的检验机构出具的实物质量水平的检验证明。合格品由企业检验判定。

## 二、商品质量等级的识别方法

### 1. 商品质量等级标示方法

我国商品质量等级的标示方法大致有以下几种：

（1）文字标示法

大多数商品在适当位置标示“一等品”“二等品”等，有的标示“甲等品”“乙等品”等，有的标示“正品”“副品”“次品”等。

（2）几何图形标示法

如瓷器加盖有圆形“○”即为一等品，加盖有方形“□”即为二等品，加盖有三角形“△”即为三等品。

（3）颜色标示法

这种标示方法比较特殊，如红牌商标为一等品，绿牌商标为二等品，白牌商标为三等品。标签印有红字者为一等品，印有绿字者为二等品，印有蓝字者为三等品，印有黑字者为等外品。

### 2. 感官鉴别商品质量优劣

目前我国还没有将所有商品全部纳入等级评定管理，因此，在工作实践中，更多的是通过感官鉴别法来判定商品质量优劣。

感官鉴别法是借助人的眼、耳、鼻、舌、手等感觉器官，对商品的外形结构、外观瑕疵、色泽、声音、气味、滋味、弹性、硬度等进行鉴别。感官鉴别是在日常工作中常用的，其方法为：

看（视觉鉴别）：看是利用人的视觉器官（眼）来鉴别商品质量。通过眼睛观察，鉴别、评价商品的色泽、形状、结构、整齐度、光洁度、清晰度、新鲜度、光面疵点及包装、标签、说明等是否符合质量标准。鉴别方法是：一般先集中于查看某一点、某一部位或某一个体、某一结构以形成印象，然后再看样品的总体，最后做出客观的评价。

摸（触觉鉴别）：摸是利用人的触觉器官（手）来鉴别商品质量。由于手指、手掌表面密布神经末梢和各种感应点，因而很敏感，可以通过用手摸的方法，对商品的弹性、韧性、硬度、干湿度、平滑度、黏度等进行鉴别。根据不同的商品，采取用手按、拉、捏、挤、摸、折、弯等手段来进行手感评定。

嗅（嗅觉鉴别）：嗅是利用人的嗅觉器官（鼻）来鉴别商品质量。通过用鼻子闻商品，进而评价商品质量是否正常。嗅觉鉴别适用于茶叶、食品、饮料、化妆品等商品的鉴别。对于气味较浓的商品，可以直接闻；对于气味较淡的液态商品，可以滴一滴在手上，用另一只手的食指快速摩擦后闻。需要鉴别商品深度气味时，如食品等，可将新削竹签刺入，拔出后立即闻，然后根据气味程度和种类，判断商品的新鲜度或劣变程度。

品（味觉鉴别）：食品中的可溶性物质溶于唾液或液态食品直接刺激舌面的味觉神经，才形成味觉。当对某种食品的滋味产生好感时，则各种消化液分泌旺盛而食欲增加。味觉神经在舌面的分布并不均匀。舌的两侧边缘是普通酸味的敏感区，舌根对苦味较敏感，舌尖对甜味和咸味较敏感，但这些都不是绝对的，通过舌的全面品尝方可评价产品的品质。

**3. 服装类商品质量优劣的鉴别方法**

（1）西服质量优劣的鉴别方法

1）看产品标志和注册商标。符合国家质量要求的产品应有产品使用说明。产品使用说明应包括如下具体内容：制造商的名称和地址、产品名称、产品型号和规格、采用原料的成分和含量、洗涤方法、使用和储藏注意事项、产品使用期限、产品标准编号、产品质量等级、产品质量检验合格证明。此外，还应检查每件西服上的型号、纤维成分含量和洗涤方法是否有可洗的耐久性标志。

2）面料纤维类别的识别。以全毛西服为例加以介绍。

①看。全毛西服的面料采用全毛织物，经纬纱均用羊毛织成。其结构紧密，呢面光泽平滑，纹路清晰明亮，色泽柔和。

②摸。一般精纺毛织品手感柔软、光滑，身骨好，丰满结实，柔而不板；粗纺毛织品则手感紧密丰厚，挺实而不板硬，丰满而有反弹感。用手将毛织品攥紧，再马上放开，精纺毛织品能迅速恢复原状，且不留折痕，或是缓慢复原。

③烧。从织物边角上抽出几根经纬纱，然后用火点燃，纯毛遇火冒白烟，燃烧

速度较慢，有时自灭，散发出烧头发的焦味，烧后的灰烬多呈松而脆的黑色焦炭状，用手指一捻即成粉状。混纺产品或化纤产品烧后的灰烬中会有不易捻碎的颗粒物。

消费者如果发现西服面料、里料成分含量与标志严重不符，可送当地纤维检验局进行检验。经鉴定为不合格品，可向经销商或生产企业索赔。

3）看外缝及缝制质量。劣质西服表面部位有明显色差，可见粗节纱、大肚纱、毛粒、条痕、斑点、污渍、烫黄、破损等瑕疵；做工粗糙，领子、驳头面、里衬松紧明显不适宜、不平顺；底领外露过大，肩缝严重不顺直、不平服，两肩宽窄严重不一致；止口明显反吐；绱袖明显不圆顺，两袖前后明显不一致，袖子明显起吊、不顺；后背明显不平服、起吊；表面部位有毛或出现脱、漏等；使用黏合衬部位有脱胶、渗胶、起皱、起泡现象等。

4）看检验报告。查看该产品经质量监督检验部门检验后出具的检验报告，以确认该产品是否达到国家标准、行业标准或企业标准要求。特别是要查看产品的甲醛含量、pH 值、色牢度等安全健康指标是否符合要求。若严重超标，将对人体健康造成危害。

（2）皮革制品质量优劣的鉴别方法

优质皮革（面革，多用于生产高档皮革服装）用灯光一照，毛孔清晰均匀，软硬适中，质量上乘。二层革和碎革次之。通常牛、羊等动物的腹部皮质较软、较薄，背部皮质较光滑、较厚而硬。用腹部革制作的衣服较软，但韧性差；用背部革制作的衣服较厚且耐穿。

通常皮革制品除特制的外，在选择皮革时都采用搭配法，有用猪皮、牛皮搭配的，也有用牛皮、羊皮、猪皮搭配的。选购时可参照各种皮革的特点。同时，还以表面无白霜的为好；另外，还可从线口处识别是否为烂皮革或是存放时间过长且保管不善的皮革。有些仿皮革表面看起来似乎也有毛孔的痕迹，但在光线下一照则看不到毛孔和动物皮革所特有的纤维，且有塑料和橡胶气味；而动物皮革带有动物的残留臊气和药水制革所留下的药水气味。

（3）羊毛皮制品质量优劣的鉴别方法

羊毛皮制品也叫毛皮桶子，就是将绵羊皮连同皮毛剥下，然后进行加工制作。北方有的直接将毛皮桶子做成皮大衣；大多数是加工面料，然后在带毛的里面加内胆，或制成毛皮裤、毛皮垫、毛皮鞋等。

羊毛皮制品可分为羊羔毛皮、成年羊毛皮、改良羊毛皮和一般毛皮。羊羔毛皮是毛皮货中较好的一种，毛浅并卷曲，毛长 2～3 cm，纯白色且发光，不易脱毛，皮革柔软，是做皮大衣和皮衣裤的精品。成年羊毛皮中有一种毛长 13～16 cm 的羊毛皮，毛卷曲并呈萝卜丝状，毛随皮革的倒顺而倒顺，毛质柔软、色白、较细、有光泽、不易脱落，毛的长短较一致，皮革薄而柔软，质量上乘。改良羊毛皮目前较多，保暖性好，毛卷成饼状，有长有短且较细，但皮革较厚。

劣质羊毛皮制品皮革较厚，且皮革碎块多，多为拼凑革；毛色白中有黄，长短不一；有秃毛现象，毛较粗硬，易脱落。另外，有些自制羊毛皮不是用药水制革，而是用皮硝等土法制革，皮革易回潮变质；而死羊皮和过冬羊皮易脱毛，皮质较硬。

如购买皮大衣、毛皮鞋等制成品，还要查看衣袖处是否存在缺毛、少毛、毛短、毛粗等现象。

**4. 家用电器类商品质量优劣的鉴别方法**

（1）彩色电视机质量优劣的鉴别方法（以显像管电视机为例）

1）检查荧光屏外观质量。荧光屏颜色应均匀一致，无斑点、气泡、裂纹、划痕；将荧光屏对着光线来回观察，如在某处发出闪亮的折射光，即是裂纹或炸痕，表明显像管质量不好。

2）检查光栅质量。

①接通电源，一般 5 s 左右显像管变热，荧光屏出现光栅，把音量电位器调到最低位置，扬声器发出“沙沙”声，而不是“嗡嗡”的交流声。

②将频道选择置于空频道处，并旋转对比度旋钮，使对比度调到最小，旋转亮度旋钮，使亮度达到最大，这时荧光屏应出现足够亮度的光栅，说明显像管发射电子能力良好。

③观察光栅是否满屏，是否出现暗角、亮度不均匀或彩色斑点。如未出现上述现象，则表明显像管工作正常。

3）检查灵敏度。旋转对比度旋钮，使对比度达到最大，亮度调节到适中位置，观察荧光屏，雪花状波纹细而密、黑白点为圆形、边界分明清晰，表明电视机灵敏度和清晰度良好。

4）检查图像质量。

①接收电视台的彩色测试图。彩色测试图应出现在荧光屏的中心位置，呈圆形，不应明显失真或呈椭圆形，图中彩条自然鲜艳，色彩亮丽，黑白层次分明，能判断出七级灰度，各级灰度层次分明，而且整幅图像稳定。如是彩色测试卡，也应具有同样的效果。

②查色彩纯度。对于垂直彩色测试卡，其白、黄、青、绿、紫、红、黑等彩条应分明，当调节色饱和度旋钮由小到大时，各颜色随之变化。

③如果没有彩色测试图或测试卡，接收或送入其他图像信号进行检查也可。将彩色电视机电源开关迅速开启数次，观察荧光屏上的红、黄、蓝三基色的纯度及消色时是否在中心位置，而不应在荧光屏的各处出现。

5）检查伴音质量和图像稳定性。

①转动音量旋钮（或拨动音量开关），使音量调至最大，伴音应洪亮清晰，在伴音停止的间歇时间内，扬声器不应有交流声和杂波声。有伴音时，荧光屏的图像不应有交流声和杂波声，或荧光屏的图像不应出现抖动和横纹干扰（伴音干扰条纹），更不该影响图像的稳定性。

②调整频率和频率微调旋钮，应在一定范围内获得图像与伴音俱佳的效果。如果其范围很小，甚至调好图像却伴音不佳，或调好伴音却图像不佳，则说明彩色电视机的稳定性差，质量不好。

6）其他功能检查。按说明书要求，在接收信号的情况下，试调调频转换开关、频道选择开关和频率微调，如果有自控和遥控功能，也应进行检查。这些旋钮和按键都应达到自身应有的功能要求。

（2）电冰箱质量优劣的鉴别方法

1）外观。

①箱体及电镀体。箱体、箱门颜色一致，漆膜完整、光亮，色泽均匀，没有凹凸瘪塌和划伤痕迹。电镀件和装饰件平整、光亮。

②门封。封条四周严密平整，翘角与箱体吸合良好，箱门关闭后，用0.08 mm×50 mm×200 mm的纸片垂直插入门缝任意位置后不滑落。当纸片沿门缝移动时，手感有阻力。将一只发光手电筒打开放入箱内，关闭箱门无光线射出。

③内胆。表面平整，无变形、收缩和裂缝。箱体保温层的发泡与内胆结合良好，用手按内胆很硬。

④转动部位及制冷系统管道。转动灵活，操作轻便，门把手、冷凝器等牢固，制冷系统管道无制冷剂渗出现象。安全性能：通电后用试电笔测试，电冰箱外壳不能带电。制冷性能：将温度控制器置于中挡，通电运行0.5 h，打开箱门观察蒸发器的结霜情况，四壁均应有冻粘的感觉。温控性能和制冷剂充注量：将温控器旋钮置于中点位置，开启电冰箱1～2 h后能自动停机，并在停机一定时间后又能自动开机。

2）启动性能。开机、停机各3次，每次开机3 min，停机3 min，各次均应启动正常，无自动停机现象。

3）振动和噪声。电冰箱运行时，以手摸箱体中上部位，无明显振动感觉。标准规定，电冰箱噪声应不大于 54 dB。

**5. 食品类商品质量优劣的鉴别方法**

（1）食用油质量优劣的鉴别方法

1）看透明度。把油倒入透明的玻璃瓶中，通常在日光或灯光下观察，如清亮、无云雾状和悬浮物、无杂质、透明度高的为优质品。

2）看颜色。食用油的正常颜色呈淡黄色、黄色或棕黄色，一般以浅色为好。油的颜色发深或发黑，说明精炼度不高，油的品质低下。

3）闻气味。不同的植物油都有各自的气味，优质的油气味醇正，无异味。凡有哈喇味、臭味和其他异味的油则品质低劣。

4）尝滋味。用手指蘸油少许，然后进行品尝，优质食用油滋味醇正，并带有油的香气。如出现焦臭、酸、苦、辣、涩、麻等味，则可判定为劣质食用油。

5）看水分。如果油中掺水或水分较大，油会混浊，这种油极易酸败变质。加热时会出现大量泡沫和发出“吱吱”的声音，并冒出辣嗓子的苦味油烟。

（2）黑木耳质量优劣的鉴别方法

黑木耳是一种营养价值较高的滋补食品。优质黑木耳乌黑光润，其背面略呈灰白色，体质轻松，身干肉厚，朵形整齐，表面有光泽，耳瓣舒展，朵片有弹性，嗅之有清香之气。越是优质的木耳，吸水膨胀性越好。如果木耳呈褐色，体质沉重，身湿肉薄，朵形碎小，蒂端带有木质，表面色暗，耳瓣多卷曲或有僵块且粗硬，嗅之有霉味或其他异味，吸水膨胀性小，说明是劣质木耳。如果取一片木耳放在嘴里品尝，品出咸味、甜味、涩味，说明木耳中掺了红糖、食盐、明矾、硫酸镁等，以增加木耳的质（重）量。优质木耳应是清淡无味的。

（3）香菇质量优劣的鉴别方法

选购香菇时，应从以下几个方面加以鉴别：香菇体圆齐整，菌伞肥厚，盖面平滑，质干不碎。手捏菌柄有坚硬感，放开后菌伞随即蓬松如故。色泽黄褐，菌伞下面的褶裥紧密细白，菌柄短而粗壮，远闻有香气，无焦片、雨淋片、霉蛀和碎屑等。根据香菇品种不同，质量要求也有差异。

选购花菇时，应从以下几个方面加以鉴别：菇伞有似菊花一样白色裂纹的为花菇。色泽黄褐而光润，菌伞厚实，边缘下卷，菌裥细密匀整，身干，朵小柄短（以菌伞直径 1.5～3 cm 为标准），香气浓郁的质优。

选购厚菇时，应从以下几个方面加以鉴别：伞顶无花纹、呈栗色并略有光泽的为厚菇。肉厚质嫩，朵稍大，边缘破裂较多。在花菇和厚菇中，若掺有太多的菇丁（菌伞直径 1 cm 以下者），则质次。

## 技能要求

### 商品质量等级鉴别

#### 一、操作准备

不同商品，其鉴别方法各有不同，这里以男士毛料西服鉴别为例。

#### 二、操作步骤

**步骤1 看产品标志和注册商标**

检查西服包装标志、注册商标和产品使用说明，其内容应包括：制造商名称和地址、产品名称、产品型号和规格、采用原料的成分和含量、洗涤方法、使用和储藏注意事项、产品使用期限、产品标准编号、产品质量等级、产品质量检验合格证明。

**步骤2 检查西服上的标志**

查看西服上的型号、纤维成分含量和洗涤方法是否有可洗的耐久性标志。

**步骤3 面料纤维类别的识别**

采用看、摸、烧等方式鉴别面料是否为全毛织物。

**步骤4 检查面料质量**

查看服装表面是否有明显色差、粗节纱、大肚纱、毛粒、条痕、污渍、烫黄、破损等现象。

**步骤5 检查做工**

查看服装领子、驳头、肩缝、止口等关键部位有无不平顺、反吐、起吊等现象；检查上袖是否圆顺，两袖是否对称，西服表面有无毛、漏、起皱等现象。

**步骤6 看检验报告**

查看该产品经质量监督检验部门检验后出具的检验报告，以确认该产品是否达到国家标准、行业标准或企业标准要求。

#### 三、注意事项

（1）辨别一般商品时应尽量保证商品完整。

（2）应掌握相关商品质量标准。

# 学习单元 3　商品检测工具的使用

## 学习目标

➢能够较熟练地使用商品检测工具。

## 知识要求

商品检测工具是指为检测商品质量而使用的各种专门工具，要求操作者了解工具的基本结构、用途、性能特点、操作规程和使用方法。下面以农药残留速测仪为例进行介绍。

### 一、农药残留速测仪主要用途

农药残留速测仪是根据国家标准 GB/T 5009.199—2003《蔬菜中有机磷和氨基甲酸酯类农药残留量的快速检测》中的速测卡法（纸片法）而专门设计的仪器。主要用于水果、蔬菜、茶叶、粮食、水及土壤中有机磷和氨基甲酸酯类农药的快速检测，特别适用于商场和超市中蔬菜、水果等商品质量的快速检测，农贸批发销售市场现场检测，以及蔬菜、茶叶等加工前的安全检测。

### 二、农药残留速测仪检测原理

农药残留速测仪面板示意图如图 1—12 所示，结构示意图如图 1—13 所示。

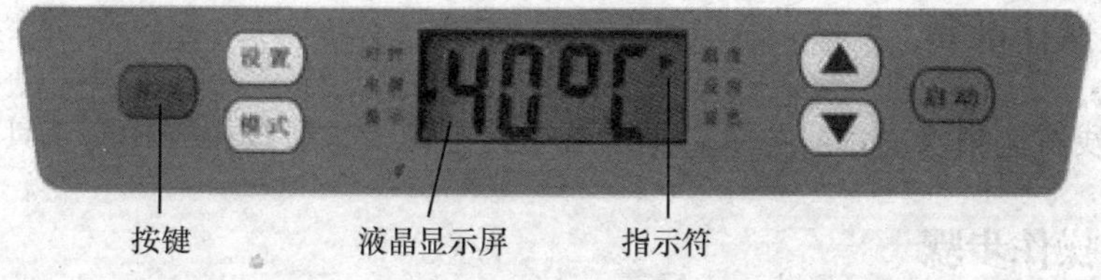


图 1—12　农药残留速测仪面板示意图

农药残留速测仪的检测原理是利用速测卡中的胆碱酯酶（白色药片）催化靛酚乙酸酯（红色药片）水解为乙酸与靛酚，由于有机磷和氨基甲酸酯类农药对胆碱酯酶的活性有抑制作用，使催化水解后的显色发生改变，因此，根据显色的不同，即

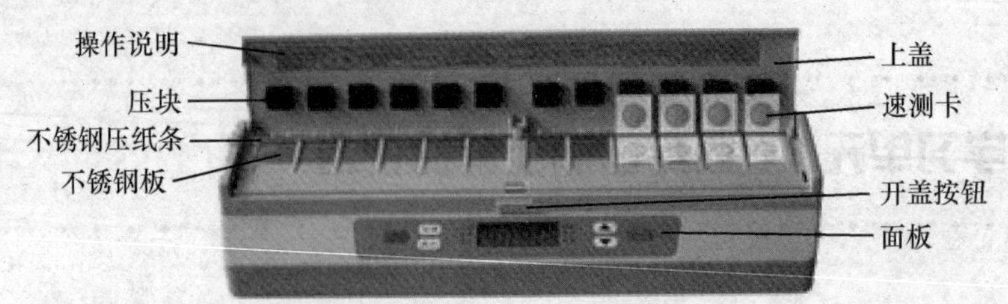


图 1—13　农药残留速测仪结构示意图

可判断样品中是否含有机磷或氨基甲酸酯类农药的残留情况。

农药残留速测仪出厂设置温度为 40 ℃，能保证胆碱酯酶与靛酚乙酸酯的充分水解。其采用单片机和高精度温度传感器控制温度精度，确保温度稳定在 40 ℃；采用高精度时钟芯片控制时间精度，使仪器能够确保反应时间和显色时间。农药残留速测仪性能参数和规格见表 1—6。

表 1—6　农药残留速测仪性能参数和规格

| 仪器型号 | LPR-12T |
|---|---|
| 测量通道数 | 12 个 |
| 出厂设置温度 | 40 ℃（30～50 ℃可调） |
| 反应时间 | 10 min（1～99 min 可调） |
| 显色时间 | 3 min（1～99 min 可调） |
| 电源适配器 | 7.4 V　1 400 mA |

## 技能要求

### 商品检测工具的使用

#### 一、操作准备

农药残留速测仪一台，蔬菜、瓜果若干，电源线、接线板等相应工具。

#### 二、操作步骤

**步骤 1　开机**

按住面板上的〈开/关〉键约 3 s，仪器开机（开机状态按住此键约 3 s 为关机）。按〈模式〉键，液晶屏显示符对应“温度”；再按〈设置〉中的〈▲〉和〈▼〉，调节温度至所需温度；最后按〈设置〉键，保存设置（仪器出厂设置为

40 ℃)。当温度达到 40 ℃时，仪器发出“滴”声提醒，即可开始正常测试。

**步骤 2　装片**

将速测卡对折后展开并撕去盖膜，插入压纸条下的各通道加热板上（注意红色药片一端在上方，白色药片一端在下方），检查速测卡所放位置是否正确，速测卡中间的虚线应与压条对齐，不要歪斜。

**步骤 3　待测样品处理**

擦去果蔬表面的泥土或污物，选择有代表性的菜叶尖或瓜果皮 5 g，放入小烧杯中，用剪刀剪成 1 cm 左右见方的碎片，加入 10 mL 缓冲液或纯净水，置于超声波清洗器中晃动 2 min（如没有超声波清洗器，可用玻璃棒搅动或用手震摇样品瓶 2 min 左右，使菜叶与水充分接触）。每批建议做 11 个检样，同时做一个缓冲液或纯净水的空白对照。每剪完一个样品，剪刀要洗净后方可处理另一个样品，以免互相污染。用吸管吸取样品液 2～4 滴，然后滴到速测卡的白色药片上进行测试。如果检测是在采样现场或条件简陋的环境下进行，可直接在菜叶尖部位滴 2～4 滴洗脱液，用另一片菜叶尖部位在滴液处轻轻摩擦，使蔬菜表面的残留农药充分溶入洗脱液中，然后将叶片上的液滴滴到白色药片上进行检测。

**步骤 4　测试**

在速测药片装好并加注待测液后，按〈启动〉键，反应开始倒计时 10 min，此时为药物反应时间，［反应］指示灯亮（注意反应过程中仪器上盖应保持打开状态，如关闭上盖，仪器将发出长鸣报警声）。当听到仪器发出急促的蜂鸣提示音时，关闭上盖，显色自动开始倒计时 3 min，［显色］指示灯亮。显色结束时仪器再次发出缓和的蜂鸣提示音，这时打开仪器上盖，进行结果判定。

**步骤 5　检测结果**

样品测试卡与空白对照卡比较，白色药片不变色或略有浅蓝色均为阳性结果。不变蓝为强阳性结果，说明农药残留量较高。显浅蓝色为弱阳性结果，说明农药残留量相对较低。白色药片变为天蓝色或与空白对照卡相同，为阴性结果。

标准色卡（空白对照卡）的制作：测量中在一张速测卡的白色药片上滴一滴无农药的洗脱液，其呈现的蓝色可作为无农药的标准色。

## 三、注意事项

(1) 存放检测工具的地方必须保持干燥，无尘、无振动。

(2) 检测工具应保持干净无尘，若有污物，可用棉质物擦拭干净。如遇较难清理的污物，可用棉质物蘸适量酒精擦拭后再清理干净。不得使用具有腐蚀性的物质如盐酸等擦拭仪器，以免损坏仪器构件，导致无法测试。

(3) 禁止在检测工具直流电源（DC）输入孔中插入非本公司配套的其他电源。

## 思考题

1. 商品数量验收应注意些什么？
2. 我国食品保质期是如何规定的？
3. 请说出商品条形码的含义。
4. 简述商品质量分级的概念。
5. 列举一种你所熟悉的商品检测工具，并说说它的使用方法。

# 第2章 商品销售

## 第1节 引导购物

### 学习单元1 使用英文接待顾客

#### 学习目标

- 了解所售商品的英文单词知识。
- 掌握所售商品的英文单词和短句。
- 能够使用英文接待顾客。

#### 知识要求

##### 一、营业接待英语100句

随着经济全球化的深入和我国对外开放的扩大，来我国旅游的国外游客显著增加，还有不少外国友人来我国做生意或常住我国。对营业员来说，能用英语与外国人交流，会大大提高成交概率，推动销售额的增加，同时也会促进个人职业生涯的发展。

营业员需要掌握的基本英语会话内容包括：招呼顾客、推荐商品、说明尺码、说明颜色、说明式样、说明质地、说明价格、表示谢意和道别等。下面列举的是100句营业接待实用英语。①

1. 招呼顾客

（1）Good morning/afternoon/evening. 早上好/下午好/晚上好。

（2）Welcome to our shop！欢迎光临！

（3）Can I help you？我能帮您什么忙吗？

（4）Please take your time. 请慢慢看。

（5）Sorry，I don't understand you. 抱歉，我不明白您的意思。

（6）Please speak more slowly. 请慢点讲。

（7）I'm afraid I don't know. 恐怕我不知道。

（8）Would you like to have a look？您想看看吗？

（9）Would you like this one？您要这个吗？

（10）Let me know if I can help you. 如果需要帮助，尽管告诉我。

2. 推荐商品

（11）Can you give me some suggestions？能否给我一些建议？

（12）Can you recommend some to me？能否为我推荐一些？

（13）I think this one suits you well. 我认为这件很适合您。

（14）I could recommend something to you. 我可以向您推荐一下。

（15）How about this style？这个款式可以吗？

（16）It suits me fine. 正合我意。

（17）All right，I'll have it. 行，我就要这个。

（18）It's very durable. 这个很耐用。

（19）It's the latest fashion，very popular. 这是最新的款式，非常流行。

（20）Have a look at this one. 看看这件。

3. 说明尺码

（21）What size would you like？您需要多大尺码的？

（22）May I take your size？可以为您量尺寸吗？

（23）It's too small. 太小了。

① 浩瀚，李生禄主编. 商业服务业英语实战实例［M］. 北京：北京航空航天大学出版社，2009.

（24）It's too tight for me. 对我来说，太紧了。

（25）It's my size. 大小刚好合适。

（26）I'm afraid we haven't anything in your size. 恐怕没有适合您的尺码。

（27）I want a medium-sized one. 我要中号的。

（28）How much do you measure around your waist? 您的腰围是多少？

（29）This one is slightly longer. 稍长了一些。

（30）Have you got anything a bit larger? 有大点尺码的吗？

（31）Is this the only size you have? 只有这一个尺码吗？

（32）What sizes are those you have there? 那里的那些是什么尺码？

（33）What sizes does it come in? 这种有哪些尺码可供选择？

（34）He's about my size. 他跟我穿相同的尺码。

（35）This seems to be a bit too narrow. 太窄了一点。

**4. 说明颜色**

（36）What color do you like（best）? 您（最）喜欢什么颜色？

（37）I think you look better in white. 我认为您穿白色更好些。

（38）Would you like to try red? 您想试试红色的吗？

（39）This shade is quite popular this year. 今年最流行这种色调。

（40）This color suits your complexion and matches your coat，too. 这种颜色适合您的肤色，和您的外套也匹配。

（41）It's a bit too loud（showy）. 这件有点太艳（显眼）。

（42）Don't you think it's a bit too dark? 您不认为这件颜色有点太深了吗？

（43）Have you got this in blue? 有蓝色的吗？

（44）It is the darkest we have in stock. 这是我们现有最深的颜色了。

（45）I think you might want to go with something a little lighter. 我觉得您也许要搭配颜色浅一点的。

（46）You look pretty in pink. 您穿粉色的很好看。

（47）Green is my favorite color. 绿色是我最喜欢的颜色。

（48）May I know what color you usually wear? 请问您一般穿什么颜色的衣服？

（49）The purple one looks nice，so does the silver one. 这件紫色的看上去很好，银色的也不错。

（50）Grey is too oldish for you. 您穿灰色的太老气。

（51）We have the same pattern in other colors. 同样的式样我们还有其他颜色的。

（52）Which color do you prefer，azure or scarlet? 您要哪一种颜色，天蓝还是鲜红？

（53）Violet fits me. 紫罗兰色适合我。

5. 说明式样

（54）Here are some samples. 这是些样品。

（55）It's the latest pattern. 这是最新款式。

（56）We also have one with stripes. 我们还有条纹的。

（57）It wears well and keeps its shape. 这个耐穿且不走样。

（58）Do you like this style? 您喜欢这个款式吗？

（59）What do you think of this design? 您觉得这个款式怎么样？

（60）The design is quite fashionable. 这种设计非常时尚。

（61）This kind of sweater is novel and fashionable in design. 这种毛衣款式新颖、时髦。

（62）This pattern suits this type of coat. 这种图案适合这种外套。

（63）How do you like this design? 您喜欢这种设计图案吗？

（64）What style of trousers would you like to have? 您想要什么款式的裤子？

（65）This style is out of fashion. 这种式样过时了。

（66）This style is never out-of-date. 这种式样永远不会过时。

（67）How about showing me some samples? 给我看一些样品好吗？

（68）Don't you think the design is a bit too complicated? 您不觉得这个图案太复杂了一点吗？

（69）I want it a bit close around the waist. 我希望腰部处稍紧点。

（70）I'd like a fold at the back of my jacket. 我希望夹克衫后背有条褶。

6. 说明质地

（71）This is nice material. What is it? 这料子挺漂亮的。它是什么面料？

（72）This is real leather. 这是真皮的。

（73）The silk one is more expensive. 丝质的更贵。

（74）They are pure cotton. 这是纯棉的。

（75）It's made of nylon. 它是用尼龙制成的。

（76）What kind is the most durable? 哪种最耐用？

（77）It's waterproof. 它是防水的。

（78）It's not easily crushable. 这件衣服不容易起皱。

（79）It's made of pure brocade. 这是纯锦缎的。

（80）Do you have some good woolen fabrics? 你们有好的羊毛织品吗？

（81）Linen's ideal for summer wear. 夏天穿亚麻布最好。

（82）What sort of material do you prefer? 您喜欢什么料子的？

（83）Are these machine washable? 这些能用洗衣机洗吗？

（84）Is this going to shrink? 这会缩水吗？

（85）Will these bleed in the wash? 这些洗的时候会退色吗？

（86）You'd better wash it by hand. 最好手洗。

（87）It's better to dry it in the shade. 最好在阴凉处晾干。

**7. 说明价格**

（88）How much does it cost? 这个多少钱？

（89）The computer is 2,999 Yuan. 这台计算机 2 999 元。

（90）That's too expensive! 那个太贵了！

（91）The price is reasonable. 价格合理。

（92）Could I have a lower price? 能便宜点吗？

（93）I'll buy it if it's 50 Yuan. 如果是 50 元，我就买。

（94）How much do you want to spend? 您打算花多少钱？

（95）Sorry，we have only one price. 抱歉，我们这里谢绝还价。

（96）That's the bottom price. 这是底价了。

**8. 表示谢意和道别**

（97）Thank you very much. 太感谢了。

（98）I see，thank you! 我知道了，谢谢！

（99）You're welcome. Bye. 不用谢。再见。

（100）Come again please! 欢迎下次光临！

## 二、商品数量的英文译法

数字 1～100 的英文译法在此不做说明，下面介绍不常见的或较难的商品数量的英文译法，具体见表 2—1。

除了掌握基本英语会话和商品数量英语外，营业员还应结合自己所销售的商品，掌握相应的专业词汇。例如，珠宝首饰柜台的营业员必须掌握各种珠宝名称的英文译法。

表 2—1　　商品数量的英文译法

| 英文 | 中文 |
| --- | --- |
| six hundred and three | 603 |
| five hundred (and) seventy-eight | 578 |
| two thousand four hundred | 2 400 |
| nine thousand one hundred twenty-five | 9 125 |
| a (one) third | 1/3 |
| two thirds | 2/3 |
| a (one) quarter (or fourth) | 1/4 |
| a (one) half | 1/2 |
| one point six three nine | 1.639 |
| (zero) point eight seven | 0.87 |
| six percent | 6% |
| (zero) point nine percent | 0.9% |
| four times | 增加了 4 倍 |

## 技能要求

### 用英语接待顾客

#### 一、操作准备

**1. 在顾客到来之前应整理好工作台面**

每天开业之前，营业员都要提前半个小时到岗，做好迎接顾客的各项准备工作。其中，整理好工作台面是必做的工作之一（见图 2—1）。干净、整洁的工作台面能给顾客留下美好的第一印象，使顾客以愉快的心情购物，这有助于提高成交量。

**2. 穿着得体，以甜美的笑容迎接顾客**

第一印象非常重要，影响顾客对营业员第一印象的因素包括营业员的仪容仪表、仪态礼仪等。因此，穿着得体，面带笑容地接待顾客（见图 2—2）是营业员给顾客留下美好的第一印象的前提。

**3. 准备英文接待用语**

对于英文不熟练的营业员来说，随身携带英语会话书籍或手抄本，开店之前温

图 2—1　营业员整理工作台面

图 2—2　笑迎顾客

习基本英语会话，在脑海里多模拟接待外国顾客的场面。

## 二、操作步骤

以图 2—3 中的女顾客购买新型卷笔刀为例，介绍营业员接待顾客的操作步骤。

**步骤 1　主动亲切地向顾客打招呼**

当顾客离营业员约 3 m 远时，营业员应该主动地向顾客问好。

营业员：Good morning.（How do you do?）早上好。（您好!）

**步骤 2　询问顾客需求**

营业员不要跟着顾客，因为会让顾客觉得不舒服、不自然。当顾客在某件商品

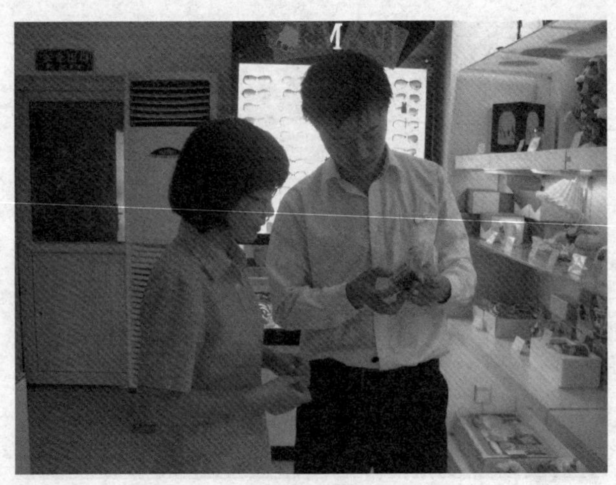

图 2—3 为顾客介绍商品产地

前停留一段时间时，说明顾客对这一商品比较感兴趣。此时，营业员应上前询问顾客是否需要帮助。

营业员：What can I do for you? 我能为您做些什么？（顾客四处张望，希望营业员来帮助他时，营业员也可以说这句话。）

顾客：Yes，I want to buy a pencil sharpener. 我想买一个卷笔刀。

营业员：Do you like this design? 您喜欢这个款式吗？

顾客：I like it very much. 看起来不错。

营业员：It's the latest fashion of this year，very popular. 这是今年最新款式，非常流行。

**步骤 3　介绍商品产地**

营业员：It'a world-famous brand，made in Germany. 这是国际品牌，产于德国。

**步骤 4　介绍商品使用方法**

营业员：Let me show you how to use it. 让我示范给您看怎样使用。

顾客：OK. 好的。

接着，营业员介绍了这款卷笔刀的常规用途以及几种特殊用法。

顾客：May I have a try? 我可以试一试吗？

营业员：Certainly (Of course). 当然可以。

顾客：Wonderful！太好了！

**步骤 5　开小票并向顾客指示收银台的位置**

顾客听完商品介绍后，询问价格。

顾客：How much is it? 多少钱?

营业员：It is 58 Yuan. 58 元。

顾客：Can you make it cheaper? 能否便宜些?

营业员：We don't ask for a second price. But there is a free gift for you. 我们货无二价。不过，会给您一个赠品。

顾客：Thank you. 谢谢。

营业员：OK. Anything else? 好的。您还需要别的商品吗?

顾客：No，thanks. 不需要，谢谢。

营业员：Wait a minute please，I'll make out your bill. 请稍等，我给您开小票。

营业员开小票情景如图 2—4 所示。

图 2—4　营业员开小票

营业员：This is the bill，please pay at the cashier's. 这是小票，请到收银台付款。

营业员指示收银台的位置情景如图 2—5 所示。

**步骤 6　交易结束，用礼貌语道别**

顾客把收银员盖好章的收据交给营业员，营业员检查确认商品结账后，把顾客联及商品递给顾客，并用礼貌语道别。

营业员：Thank you for shopping! Hope to see you again! 谢谢惠顾! 欢迎下次光临!

顾客：Thank you! Good-bye! 谢谢! 再见!

图 2—5　营业员指示收银台的位置

## 三、注意事项

（1）根据顾客的需要使用英文。

（2）英文口语化的表达要清楚，杜绝中文式的英文。

（3）英语发音要准确，能做到对答如流。

# 学习单元 2　判断顾客类型

## 学习目标

➢ 了解顾客类型及顾客心理学的知识。

➢ 掌握顾客类型及顾客心理学的要点。

➢ 能够引导不同类型顾客购物。

## 知识要求

### 一、顾客心理学知识

顾客是否购买商品？购买哪个品牌、款式的商品？采用何种购买方式？这些问题和顾客的情感、性格、价值观、思维方式等密切相关。营业员如果能了解顾客的性格特征和购买动机，做到准确把握顾客心理，并适时给予一定的刺激，就能在最短时间内达成交易。

1. 顾客的性格特征

（1）虚荣型顾客

这类顾客好表现自己，不愿意接受别人的建议，较任性，嫉妒心强。

例如，营业员向顾客推荐了一款价格实惠的太阳眼镜。虚荣型顾客会说："这哪儿行，我身上的大衣 1 万多块呢，至少要和它匹配才行。"

赞美与奉承是对待这类顾客的制胜法宝，因为只要这类顾客心情愉快，就很可能做出购买决策。

（2）刻薄型顾客

这类顾客总是挑商品的毛病，再好的商品也能说出一些不足之处。刻薄型顾客不一定是心肠不好的人，只是性格使然。

例如，刻薄型顾客手中拿了一件内衣在仔细查看，营业员适时上前询问是否有购买意向。这类顾客便指着衣服说："款式有些陈旧，针线也不太好，能不能便宜点?"还没等营业员解释，刻薄型顾客又接着指出不少缺点。

对于这类顾客，应先让其尽情发泄，然后营业员再言辞委婉地说出自己的想法。这样，既能使顾客接受，又可能促成一笔交易。

（3）爽快型顾客

这类顾客看中某种商品后会马上询问价格，只要价格不太离谱，就能立即成交。

例如，顾客在一套阿迪达斯的运动服前驻足一会儿，便决定试穿。看着镜前试穿的效果还不错，又看了看标价，于是这类顾客会立刻说："好吧，就买这一套。"

这类顾客除了性格使然外，信任企业或事先考察过该商品也是他们如此爽快的原因。

营业员要满怀激情地对待这类顾客，小心维护这份信任。介绍商品时，不重要的细节可以省略，只要说明重点即可。

（4）商量型顾客

这类顾客内心防线较弱，容易被说服。

例如，顾客在比较两种品牌的洗衣液，此时营业员走向前去询问顾客："您喜欢什么牌子的?"顾客说："我从来没有买过洗衣液，你能否推荐一种质量好的洗衣液?"营业员马上说："蓝月亮的不错，很多人都买它。"听了营业员的推荐，顾客马上拿了一袋蓝月亮牌洗衣液放入购物车中。

面对商量型顾客，营业员应认真聆听顾客的需求，提出中肯的建议，而不应为了获取利润，只推荐贵重商品。

（5）沉默型顾客

这类顾客对营业员的任何话语都不感兴趣，无动于衷。

例如，顾客走到卖鞋的专柜前，拿着一双鞋在仔细查看。营业员赶紧上前询问："您想买这双鞋吗？还有其他颜色的，现在正在打折，这双鞋打七折，您穿在脚上试试看。"可是，无论营业员怎么说，顾客就是不开金口。营业员既尴尬又无奈，这就让买卖双方在沟通过程中出现了僵局。

如果顾客不爱说话是因为性格原因，营业员应该尽可能地耐心等待，从顾客细微的行为中发现顾客的购买需求，然后再对症下药。如果顾客是故意沉默，营业员应该寻找话题，拉近双方的距离，然后再引入正题。

（6）腼腆型顾客

这类顾客不敢与人正视，声音缓慢、微弱，有时很难听清他们在说些什么。另外，这类顾客比较容易被说服，并很快做出购买决定。

例如，顾客在文具店的柜台前低着头看花花绿绿的记录本，营业员适时上前询问："您想买哪种本子？"顾客没有抬头，似乎说了句什么。营业员虽然没有听清顾客说了什么，但从顾客的眼神中猜出了他的购买意向，便马上拿起淡蓝色的记录本询问顾客："是要买这个吗？"顾客点头表示肯定。于是，营业员把本子拿到收银机前扫码结账。

对待这类顾客，营业员一定要和蔼可亲，不要太刻意看着他们。

（7）慎重型顾客

这类顾客比较理性，考虑问题比较周全，经常会货比三家，然后再做出购买决定。

例如，顾客正在仔细查看每台滚筒洗衣机的用途、单位耗电量、容量等，并在纸上抄写这些指标数量。营业员走上前去说："这个品牌不错，您想要多大容量的？"顾客回答说："5 公斤。"营业员便介绍说："这里有两款，带液晶显示屏的稍微贵些。"顾客问道："能打折吗？"营业员回答说："可以，每台能便宜 300 元。"顾客沉默了一会儿，然后说："好，我再考虑考虑。"其实，顾客事前在网上已查找过这方面的资料，即使商场降价，也与网上售卖的价格有一定的差距。顾客又前往其他超市或电器专卖店考察洗衣机。

这类顾客在来店购买商品前已定下目标，不太容易说服其立刻购买商品。但是，只要他经过多次比较，一旦做出决定，进店就会直奔主题，很快便能达成交易。若遇到回头再买的顾客，营业员一定要真诚有礼，切不可摆出高姿态。

（8）顽固型顾客

这类顾客大多具有保守思想，不愿意接受新生事物，不轻易改变原有的消费习惯。

例如，顾客来到洁具专柜，比较眼花缭乱的各式各样的拖把。营业员迎上前去向顾客介绍几种新型拖把，并演示其使用方法。虽然营业员演示出新型拖把的种种便捷，但顾客最后还是将一把传统拖把放入购物车中，并说："还是这个拖把省心又便宜。"

现实交易中，营业员很难在短时间内改变这类顾客的想法，应该用强有力的数据或事例说服顾客。营业员如果能够先发制人，不给顾客拒绝的时间，有可能会说服其做出购买决定。

**2. 顾客的消费心理**

（1）有目的购买的顾客

顾客目标明确，直奔柜台，指名购买某种商品。对于这类顾客，营业员应该迅速拿出商品，不需要详细介绍。

例如，某顾客来到婴儿奶粉专柜，直接找到营业员，询问雅培奶粉在哪里。营业员马上引领顾客来到该奶粉所在的货架旁，顾客二话不说，就取下两罐奶粉交给营业员结账。

（2）事先没有购买意向的顾客

顾客目光不集中，碰到什么看什么。对于这类顾客，营业员应主动招呼，适时介绍顾客可能感兴趣的商品，引起他们的注意，以诱导其冲动购买。

例如，某顾客领着孩子走进一家专卖韩国产品的店铺，老板热情地接待了她。顾客漫无目的地到处观看，最后，在糖果货架前驻足良久。老板适时上前介绍部分商品，听完介绍后，顾客便拿了一包榛仁糖果交给老板结账。

（3）代购的顾客

顾客受亲朋好友所托购买商品，营业员可采取一问、二介绍、三说明的接待方法。这种接待方法要求营业员问明使用人的要求和爱好，介绍商品的用途、使用方法等，说明退换货的原则。

（4）男性顾客

男性顾客的消费心理比较简单，一般具有以下消费特征：消费金额相对较多，这与多数男性是家庭收入来源的主要贡献者有关；消费比较理性，自身需求和产品性能是其主要购买动机；消费过程较独立，一般不受他人影响；购买速度相对较快，一般不存在货比三家、仔细甄别商品的细节问题。因此，接待男性顾客时，营业员应做到有所问有所答，无须喋喋不休。

（5）女性顾客

女性顾客是消费群体的主流，据统计，女性在家庭消费中不做主的仅占3.9%。女性顾客的消费特征是：商品需求量大，这与女性是家庭主要购物者分不开；购物前仔细规划，购物中仔细比较。也有不少女性顾客容易受环境及广告的影响，具有冲动性购买动机。营业员接待女性顾客时，要采取主动介绍商品、有耐心、适度提建议、适当赞美等销售策略。

（6）老年顾客

老年顾客一般注重商品质量，不讲究花样，看重实用方便、价格适宜。老年顾客对于自己所熟悉的商品购买比较自信，具有理性购买动机。老年顾客特别在意营业员的服务态度和礼貌修养。老年顾客的特点是动作缓慢，挑选仔细，喜欢问长问短。因此，接待老年顾客时，营业员要耐心、和气，钱货要当面交代清楚。

（7）年轻顾客

年轻顾客挑选商品一般看重商品外观、质量和新颖程度，喜欢漂亮时髦的商品，愿意尝试新产品。这类顾客以冲动性购买动机为主，因此，营业员要迎合其求新、求美的心理进行介绍，尽量向他们推荐目前时尚潮流的商品。

**3. 顾客的购买动机**

动机是以需求为前提的一种心理倾向，顾客的购买动机是因顾客的需要及偏好等心理活动而产生购买行为的内在动力。

（1）生理性动机

生理性动机是由于生理原因产生的购买动机。为了满足最基本的衣食住行需要，生理性动机驱使顾客购买一般性商品。这种动机具有稳定、重复等特点。

（2）实用性动机

实用性动机是以追求商品的使用价值为目的的购买动机。一般来说，持有这种购买动机的顾客要么收入水平不太高，要么有节俭的习惯，要么非常理性。这类顾客的共同特点是注重经济实惠和经久耐用，不太注重品牌与外观。

（3）欣赏性动机

欣赏性动机是以追求商品的欣赏价值为目的的购买动机。持有这种购买动机的顾客一般重视商品的造型、色彩等感官刺激，他们喜欢享受商品的美感所带来的精神愉悦。这类顾客一般具有一定的艺术修养，经济收入也不错。

（4）新奇性动机

新奇性动机是以追求商品的新颖、奇特为目的的购买动机。持有这种购买动机的顾客注重商品的造型、颜色、用途等是否与众不同。这类顾客一般以年轻人居多，特别是喜欢追赶潮流、叛逆型的青少年。

（5）名牌性动机

名牌性动机是以追求商品的品牌和高档为目的的购买动机。持有这种购买动机的顾客最看重商品的品牌，不少人通过购买品牌商品来彰显自己财大气粗、社会地位高贵等。这类顾客要么虚荣心强，要么经济条件好，要么非常在意商品质量。

（6）从众性动机

从众性动机是受他人影响而盲目跟风的购买动机。持有这种购买动机的顾客注重与他人保持一致，不愿游离于群体之外。这类顾客依赖性强，独立思考和决策的能力不高，比较保守。

顾客与动机不一定是一对一的关系，顾客可能在不同的场合，针对不同的商品，表现出不同的购买动机。在与顾客接触的过程中，营业员应该判断顾客类型和购买动机，进而采取适度的销售技巧，促成交易。

## 二、销售艺术

销售艺术就是营业员运用有利于促进和扩大商品销售的方法、手段和技巧的艺术。下面以销售钻石为例，介绍四步法销售艺术。

### 1. 观察与聆听

具有不同消费心理的顾客可能会从不同的角度对钻石的价格有不同的看法，营业员需要认真观察，然后站在顾客的立场上，对顾客的期望做出正确判断。

下面两种说法可能会让顾客感到钻石的价格是公道的。

（1）主动介绍钻石的颜色、净度、切工、质量和款式设计的情况，说明其价值所在，用不同价格的产品做比较。

（2）强调钻石首饰的恒久性，是一件永久的珍藏品。营业员对顾客选择本店来实现自己的梦想，要表示由衷的欢迎与感谢。

### 2. 展示商品

营业员要适时展示商品，在向顾客介绍时，避免过早讨论价格。顾客购买钻石是为了满足其情感方面的需求，从感情方面考虑越多，越容易激发顾客的购买欲望。另外，还要注意语言技巧，不要强加于人，而是处处替顾客考虑。

### 3. 消除疑虑

几乎所有顾客都会对钻石饰品提出一些不满的意见，包括品质、款式、价格、质量保证及售后服务等。

遇到顾客提出异议或抱怨时，一般按以下流程处理：

（1）对顾客提出的意见、发出的抱怨表示感谢。

（2）与顾客共同寻找问题的关键所在。有时意见与抱怨仅仅是顾客的情绪或顾客一时的感受。

（3）提出解决问题的方法或改进工作的措施。在听完顾客的抱怨或意见后，如确属店内问题，应诚恳地向顾客道歉，并针对问题的症结加以说明，提出切实可行的解决方法。

**4. 达成交易**

通过了解顾客、展示商品、解答问题，使顾客对商品有更深的认识。下列几种情形可能是顾客有意购买钻石的信号：短暂的沉默，同一问题再次提出，在灯光下或要求用放大镜查看、观察货品，查看标价牌、商标牌等，询问售后服务。出现以上几种情形之一者，交易即有望达成。

## 技能要求

### 判断顾客类型并引导其购物

## 一、操作准备

**1. 准备充足、整洁的商品**

在第一位顾客进店之前，营业员应该整理排面，擦拭货架和商品上的灰尘，补充短缺的商品（见图 2—6），使商品充足丰富、货架整洁明亮，以激发顾客的购买欲望。

**2. 热情地接待顾客**

热情能够给顾客宾至如归的感觉，很多顾客会被营业员的热情所感染，从而产生购买欲望（见图 2—7）。无论顾客的穿着打扮如何，无论顾客是否有购买意向，无论顾客看起来是否有钱，营业员都应该热情接待，永远不要歧视任何一位顾客。

清朝《生意世事初阶》中专门介绍了做生意的知识，对顾客热情自古以来就是做生意的一条铁律：做生意要“谦恭逊让”，“如春天气象，惠风和畅”，对于还价太低的顾客也“必须笑容相待，推之以理，详之以情”，切不可“浮草大意”；接待顾客时“不可以貌取人，贵贱长幼一律平等”，总之“人无笑脸不开店”，顾客为“衣食父母”，一定要耐心接待，绝对不可使他“动气而去”。

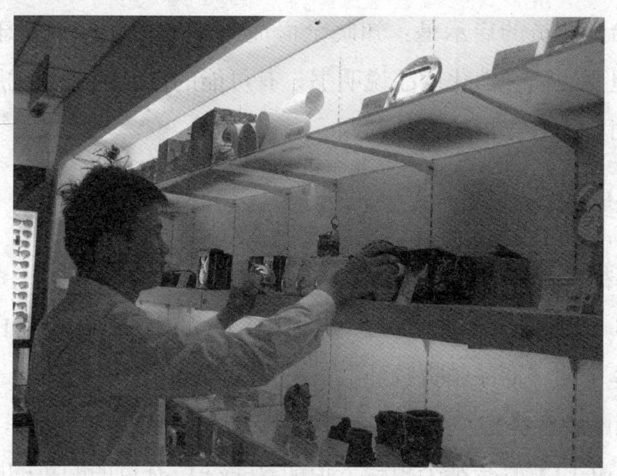

图 2—6　营业员在整理商品

图 2—7　热情地接待顾客

### 3. 具备丰富的商品知识

营业员除了需要具备良好的职业态度外，还应具备丰富的商品知识，这样，达成交易的可能性会大大提高。

例如，某顾客听完营业员介绍豆浆机的功能后非常满意。最后，顾客询问："榨成豆浆后有沫吗?"营业员犹豫片刻，然后说："没有。"顾客疑惑地看着营业员。此时，业务主管刚好经过，听到了他们的对话。业务主管赶紧上前对顾客说："有泡沫，但是有配套的过滤网，能过滤 90%以上的泡沫。研磨后还有些渣子，把这些渣子涂抹在脸上，具有美容的作用。"听完业务主管的解释，顾客立刻决定购买这款豆浆机。

上述例子给营业员的启示是：知晓全面而丰富的商品知识对于销售来说很重要，营业员不但要阅读、消化商品说明书，有可能的话，应该先试用商品，这样才能游刃有余地回答顾客提出的各种问题。

## 二、操作步骤

**步骤 1　寻找接待顾客的话题**

距离顾客 3 m 远时，营业员应主动微笑，思考如何进行开场白。接待技巧见本节学习单元 3 中的“商品销售技巧”。

**步骤 2　判断顾客类型**

如果顾客一进门就直奔某个柜台，说明这是一位有目的购买的顾客。这时，营业员应马上上前为顾客提供服务。如果顾客慢悠悠地、一个一个柜台地浏览，说明这是一位事先没有购买意向的顾客。这时，营业员可以站在原地，观察顾客的一举一动。如果这位顾客突然在某种商品面前站立不动，营业员可以上前询问，为顾客提供帮助。其他顾客类型详见本单元“顾客的消费心理”。

**步骤 3　根据顾客类型使用接待语言，仔细观察顾客的反应**

通过观察，判断顾客的消费心理，并使用恰当的接待语言。如果是老年顾客，营业员应该热情上前，叫声“大妈”“大伯”，耐心倾听并回答顾客提出的各种问题。一般来说，老年顾客动作比较慢，做决策的时间比较长，营业员应语速偏慢地娓娓道来。在介绍商品时，营业员不仅要用嘴说，还应向顾客展示商品，最好是边展示边解说。特别是有较多操作步骤、需要一定操作技巧的商品，尤其应该手拿商品介绍其使用方法。例如，顾客来买手机，营业员应向顾客介绍用手机发短信等基本使用功能。在介绍时，应打开手机，演示发短信的过程，使顾客更好地掌握这一功能。

营业员应仔细观察顾客的行为举止，从中揣摩顾客的心理活动。例如，如果顾客在厨房用品的货架前来回走动，说明顾客想购买某种厨房用品，但又没有找到自己想要的商品。这时，营业员应上前询问顾客需要买什么商品。如果有此商品，应立刻把顾客带到该商品的货架前。

**步骤 4　提出商品建议，促成购买行为**

在顾客选购商品时，营业员应该主动地把商品展示给顾客，让顾客去触摸商品，给顾客试用商品。通过亲身体验，让顾客对商品本身及购买行为形成一定的心理感受，并做出相应的评价。

当顾客拿不准主意时，营业员可以采取启发的方法提示顾客，消除他们的疑虑，促使其早下购买决心。为顾客提供一些证明商品性能及质量的数据，使顾客了解准确的信息，促成购买行为。

**步骤 5　交易达成后续工作**

营业员开好小票，向顾客指示收银台的位置。顾客返回，把盖好章的一联收据交给营业员，营业员把包装好的商品双手递给顾客（见图 2—8），面带笑容地欢送顾客，并用礼貌语道别。

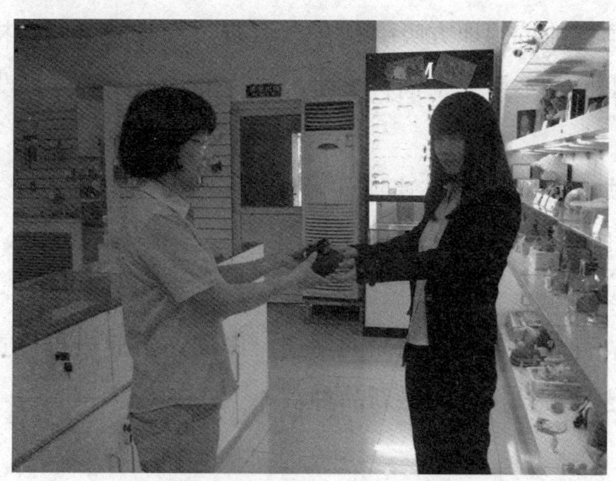

图 2—8　营业员双手将商品递给顾客

## 三、注意事项

（1）接待顾客时要保持稳定的目光接触，并注视对方。

（2）在介绍商品的过程中，要注意察言观色。

（3）要抓住顾客真实的购物想法，与顾客互动，产生共鸣。

# 学习单元 3　推介商品

## 学习目标

➢了解帮助顾客比较商品的有关知识。

➢能够帮助顾客选择商品。

➢能够向顾客推介连带商品。

## 知识要求

### 一、商品销售技巧

**1. 接近技巧**

（1）介绍法

利用商品新颖、独特的地方吸引顾客。例如，营业员可以这样说："这是散养的鸡生的蛋，吃虫子，不用人工饲料喂养，这些蛋营养价值高，没有任何污染。"

（2）提问法

以简单的方式打开局面，迅速抓住顾客的购买心理。例如，营业员可以这样说："您是自家人吃，还是送人？"

（3）示范法

结合一定的语言介绍，展示商品的用途。例如，营业员可以这样说："您品尝一下这杯酸奶，这是带核桃肉的最新品种。"

（4）赞美法

采用赞美顾客的外表等方式接近顾客。例如，营业员可以这样说："您的皮肤真好。"

**2. 商品介绍技巧**

介绍商品是商品销售的重要环节，介绍商品不仅是对商品本身进行说明，更重要的是激发顾客的购买欲望。

介绍商品时，营业员应把握七点：演示商品的动作要规范，留意顾客的反应，尽可能让顾客参与演示的过程，把握时机展示商品的亮点，缓谈价格，导出顾客的利益，掌控时间。

**3. 成交方法**

（1）直接法

这是营业员直接要求顾客购买商品的一种成交方法，也是最常见的一种成交方法。

（2）选择法

这是营业员为顾客提供购买决策方案的一种成交方法。这种成交方法能够减轻顾客的心理压力，推动交易的顺利达成。

（3）小点法

这是营业员利用较小的成交问题间接促成交易的一种成交方法。顾客心理活动规律表明：在重大的成交问题面前，顾客往往表现得谨慎、犹豫不决，甚至找借口拒绝成交。

## 二、商品学的概念和商品分类

### 1. 商品学的概念

商品学是研究商品使用价值的一门学科。

商品学具体内容包括：商品质量及其影响，商品质量管理与质量监督，商品标准与标准化，商品检验，商品分类与编码，商品包装与标志，品牌与商标管理，商品的成分、结构与性质，商品储运与养护，新商品开发，信息与商品预测，商品消费心理，商品广告，商品与资源、环境等。

### 2. 商品的分类

商品种类繁多，据不完全统计，在市场上流通的商品有 25 万种以上。为了方便消费者购买，促进商业部门组织商品流通，提高企业经营管理水平，须对众多商品进行科学分类。

商品分类是指为了达到一定目的，选择适当的分类标志，将商品科学地、系统地逐级划分为大类、中类、小类和商品细目的过程。

（1）大类

体现商品生产和流通领域的行业分工，如五金类、化工类、食品类、水产类等。

（2）中类（商品品类）

包括具有若干共同性质或特征商品的总称，如食品类商品分为蔬菜和水果、肉和肉制品、乳和乳制品、蛋和蛋制品等。

（3）小类（商品品种）

对中类商品做进一步划分，包括具体的商品名称，如酒类商品分为白酒、啤酒、葡萄酒、果酒等。

（4）商品细目

对商品品种的详细区分，包括商品的规格、花色、等级等，更具体地体现商品特征，如 60 度五粮液等。

## 技能要求

### 豆浆机的推介销售

#### 一、操作准备

准备三款不同档次的豆浆机（见图 2—9）。

下面三款豆浆机是同一企业生产的，型号不同，价格从左至右分别为 499 元、299 元和 199 元。

a)　　b)　　c)

图 2—9　三款不同档次的豆浆机

a）JYD-P11S81 型豆浆机　b）JYDZ-510W 型豆浆机　c）JYDZ-56W 型豆浆机

#### 二、操作步骤

**步骤 1　边操作展示商品，边吸引顾客光临**

很多商家为了吸引顾客的眼球，在店铺通道一侧设置展示台，演示商品的使用方法和功能。豆浆机就是一种适合演示的商品。

如图 2—10 所示，营业员正在用豆浆机演示榨豆浆的全过程。路过的顾客基本上都瞄向展示台，也有一些感兴趣的顾客过来观看。

**步骤 2　询问顾客的需求**

营业员：您家几口人？

顾客：四口人。

营业员：这里有好多型号的豆浆机适合您家庭使用。请问，您想买什么牌子的？

顾客：你给我推荐质量比较好的牌子吧！

营业员：好，我给您介绍九阳牌豆浆机。

图 2—10　营业员展示豆浆机的使用方法

**步骤 3　比较三款豆浆机的异同**

对三款豆浆机的异同进行比较，见表 2—2。

表 2—2　　三款豆浆机的异同

| 型号 | JYDZ-56W | JYDZ-510W | JYD-P11S81 |
|---|---|---|---|
| 价格 | 199 元 | 299 元 | 499 元 |
| 功能 | 可打五谷豆浆、干豆豆浆、果蔬冷饮 | 可打干/湿豆豆浆、五谷豆浆、养颜米糊、果蔬冷饮、绿豆豆浆 | 可打五谷豆浆、养颜米糊、果蔬冷饮、干豆豆浆 |
| 熬煮技术 | 用文火熬煮，豆浆更香浓 | 用文火熬煮，豆浆更香浓 | 用文火熬煮，豆浆更香浓 |
| 控温技术 | 智能控温，营养更丰富 | — | 智能控温，营养更丰富 |
| 清洗方便度 | 无网技术，简单易洗 | 无网技术，简单易洗 | — |
| 其他 | — | •“底盘加热”技术，加热更均匀<br>•不锈钢材质，更坚固耐用 | •双层免烫杯体<br>•15 min 超快制浆<br>•五谷精磨器Ⅱ型，粉碎更彻底，口感更细腻 |

（1）从功能来看，第二款豆浆机的功能最多，比第三款豆浆机多两项功能，即它还能研磨湿豆豆浆和绿豆豆浆。

（2）从熬煮技术来看，三款豆浆机的技术一样，都是“文火熬煮”。

（3）从控温技术来看，除中间一款外，其余两款都是采用“智能控温”，豆浆的营养更丰富。

（4）从清洗方便度来看，前两款都是采用无网技术，很容易清洗机体内部。

（5）从价格来看，这三款豆浆机的价格差距较大，第三款豆浆机的价格与前两款豆浆机的价格总和差不多。

此外，第二款、第三款豆浆机还有比第一款豆浆机更多的优点，第三款豆浆机的优点更为突出，见表 2—2 中的“其他”。

**步骤 4　推荐一款功能最多的商品**

营业员对顾客说：“从上述比较中可以看出第二款豆浆机的功能最多，价格适中。您觉得第二款豆浆机怎么样？”

营业员要根据不同的顾客推荐不同的商品。

向衣着朴素、看重价格的老年人推荐价格最便宜的豆浆机。

营业员：这款豆浆机操作简单、经济耐用，非常适合您使用。现在购买，还可以送您赠品。

顾客：还有赠品送，就买它了。

向孕妇推荐第二款或第三款豆浆机。

营业员：您看看这两款豆浆机，它们都可以研磨养颜米糊，用它给小孩和孕妇做米糊也不错。第三款豆浆机是双层免烫杯体，15 min 超快制浆，您用起来更方便。

顾客：不错，你把它放到车里吧。

营业员要根据顾客的喜好促成交易。

如果顾客喜欢功能简单且质量好的商品，营业员应向其推荐一款用途单一的品牌机。如果顾客喜欢多功能合一的商品，营业员应问清顾客需要的价格档次后，向其推荐一款相应价位的多功能合一的商品。

**步骤 5　达成共识**

顾客：价格能否优惠些？

营业员：虽然这款豆浆机不能打折，但是可以积分，并送您一个赠品，您看可以吗？

顾客：好，就买这款豆浆机。

**步骤 6　介绍连带商品——插座**

营业员：您买了豆浆机，需要配一个插座吗？这里有些插座是公牛牌的，打六折。

顾客表情犹豫，手拿插座看了看，又沉默了一会儿，说：“拿一个插座吧。”

## 三、注意事项

（1）要充分了解所售商品的功能和特点。

（2）推介连带商品时，要让顾客产生一种意想不到的感觉。

（3）帮助顾客选择商品的重点是给顾客带来好处。

# 第 2 节　接 待 投 诉

## 学习单元 1　听取并判断投诉问题

### 学习目标

➢ 能够倾听顾客陈述。

➢ 掌握顾客投诉的主要问题。

### 知识要求

顾客投诉是指顾客通过电话、书面、当面口述等方式，向企业客服中心反映服务工作或商品方面的问题。

顾客投诉对企业来说是好事，说明顾客信任企业，给企业改正错误的机会。从表 2—3 中可以看出，随着顾客投诉处理满意程度的提高，顾客重购率在大幅度增加。

表 2—3　　顾客投诉处理与重购率的关系

| 顾客投诉处理情况 | 重购率（%） | 离开率（%） |
| --- | --- | --- |
| 不满意，但没有投诉 | 9～37 | 63～91 |
| 提出投诉，但没有得到处理 | 19～46 | 54～81 |
| 提出投诉，问题获得解决 | 54～70 | 30～46 |
| 提出投诉，问题得到迅速解决 | 82～95 | 5～18 |

### 一、接待投诉的要求

（1）处理人员应谦恭有礼，耐心、仔细地聆听顾客陈述，不能与顾客发生争执。

（2）一般顾客投诉当天立即处理，重要顾客投诉三天内回复。一般顾客是指购买量小、利润率低甚至无利润的顾客。重要顾客是指产品流通频率高、采购量大、利润率高、忠诚度也相对高的核心顾客。

（3）处理人员若遇到无法解决或需上级主管核实解决的投诉事件时，应向上级请示并逐级上报，直到问题解决为止。例如，发生涉及退换货金额较大的投诉事件时，可能需要企业总经理批示。这时需层层上报到总经理，总经理很可能出于企业口碑等原因，特批同意退换货。

（4）处理人员不可自行与顾客签署任何书面文件或口头承诺任何要求，而应经店长核实。

（5）处理人员处理顾客投诉时，应根据顾客是善意的还是恶意的而采取不同的解决方式，善意者尽量以协调方式解决，恶意者利用法律手段解决。

（6）若需要向顾客赔偿金额，应以一次性赔偿为谈判要点。

（7）如果顾客对投诉处理满意，请顾客在顾客投诉登记表（见表 2—4）上签名。

表 2—4　　　　顾客投诉登记表

| 受理编号 | | 受理日期 | |
|---|---|---|---|
| 顾客姓名 | | 联系电话 | |
| 顾客地址 | | | |
| 所购商品 | | 投诉类型 | □商品　□服务　□其他 |
| 投诉原因 | | | |
| 顾客投诉专员意见 | 记录人：　记录日期： | | |
| 备注 | | | |

资料来源：王宏．客户服务部规范化管理工具箱［M］．北京：人民邮电出版社，2007．

（8）记录顾客投诉处理情况并按月整理归档。

（9）顾客意见箱每日整理并追踪处理。

（10）将顾客投诉事件上报店长，每日报告前一日顾客投诉事件及处理情况，每周追踪未处理完成事项。

## 二、处理投诉的礼仪和步骤

### 1. 处理投诉的礼仪

处理投诉的礼仪：三米微笑、三步问候、礼貌让座、认真倾听、细致记录、面带微笑、耐心解释、礼貌恭送。

### 2. 处理投诉的步骤

处理投诉的步骤：微笑、问候（让座、倒水）→仔细倾听抱怨→详细提问，了解细节，全面掌握事实→求证对顾客的理解（重复事实过程，请顾客确认）→致歉→认可顾客的感受（如愤恨、挫折、失望等，询问顾客的要求）→说出你将采取什么行动纠正错误→感谢顾客提出引起你注意的问题。

## 三、接待投诉案例

**【案例 2—1】**

某顾客满脸怒气地来到服务台前，从鞋盒里拿出一只鞋，声音急促地说：“昨天在这里买了一双鞋，回家穿在脚上，被家人发现鞋侧面破了个洞，我要求退货，并给点赔偿。”

一位年长的服务员接待了这位顾客，她拿着有问题的鞋子仔细查看。

服务员：请给我看看您的小票。

顾客从包里掏出准备好的小票递给服务员。服务员对比小票上的信息是否与鞋子一致……

服务员：抱歉！我们马上给您换一双新鞋，请先填写一份退换货表。

顾客填完表格并拿到新鞋后，要求赔偿。

服务员：给您带来不便，再次表示歉意！在特殊情况下，我们可以适当赔偿。但您的情况不在赔偿的范围内，您看看这份赔偿制度。

顾客看完赔偿制度，又想到服务人员态度很好，换货速度较快，所以没有坚持要求赔偿。

服务员：谢谢您的理解与支持！希望您再次来我店购物。

**案例点评：**

（1）虚心接受批评。冷静地接受顾客意见，并且抓住顾客意见的重点，同时更清楚地明了顾客的要求到底是什么。

（2）追究原因。仔细调查原因，掌握顾客心理。

（3）采取适当的应急措施。为了不使同样的错误再度发生，应当果断地采取应急措施。

（4）化解不满。诚恳地向顾客道歉，并且找出顾客满意的解决方法。

（5）改善缺点。以顾客不满为契机找出差距，甚至可以成立委员会来追查投诉的原因，以期达到改善的目的。

**【案例 2—2】**

我是一名超市客服人员。一天，接到一位顾客投诉，称他去超市消费的时候，已经交完款并出去好远了，营业员追上来，称他当时给的钱是假的，让他回去。他觉得是无理取闹，便说："我在收银台的时候，怎么不当面验清？现在说钱是假的，凭什么认定就一定是我给的！"顾客非常生气，话自然也很难听。

我首先要把自己放在顾客的位置上，如果是我遇到这样的事，会有什么想法，肯定也会生气。于是，我就安抚顾客："您先不要生气，不要着急，慢慢说。您的心情我们完全可以理解，换成是我们，也会和您一样的。"这样，让顾客感到我们是向着他的，是在为他考虑。

此时，顾客的口气不再那么强硬了。

接下来就是给顾客提供解决问题的办法。如果顾客对我们提供的各种解决方式都不满意，那么让他自己说出想怎样解决才满意……

于是，我记下顾客的意思，并对他说："抱歉！因为工作职责不同，我只能把您的意思转达给相关工作部门，处理结果我会及时让工作人员通知您。"顾客说："我知道你不是在推诿，我等你的消息。"最终，由于顾客和超市双方都没有有力证据证明假币不是自己的，以双方各承担一半损失而解决。

**案例点评：**

（1）从倾听开始。倾听是解决问题的前提。

（2）认同顾客的感受。顾客在投诉时会流露出烦恼、失望、泄气、发怒等各种情感，营业员不应当把这些表现当做是对自己的不满。

（3）立即响应。抚慰措施一定要迅速而有力，态度一定要诚恳和谦恭。调查及流转工作应快速进行，要根据所闻所记，及时弄清事情的来龙去脉，然后做出正确的判断，拟订解决方案，与有关部门取得联系，找出工作中的薄弱环节，把握改进工作的机会。

（4）超越期望。不要弥补完过失使顾客心理平衡后就草草收场，应当利用这一机会把投诉顾客转变成忠诚顾客。

## 技能要求

### 处理顾客投诉

#### 一、操作准备

桌子一张、椅子两把、纸杯两个、家用工具一套、红色圆珠笔、销售小票、红色复写纸三张等。

#### 二、操作步骤

下面以处理要求换家用工具的女顾客投诉为例进行介绍。

**步骤 1　将投诉顾客请到办公室**

一位女顾客来到服务台投诉，要求换一套新的家用工具。当时正值顾客开发票、换礼品的高峰期，于是营业员把顾客请到办公室。

**步骤 2　热情接待前来投诉的顾客**

营业员请顾客坐下，并倒了一杯水递给她（见图 2—11）。

图 2—11　营业员热情接待顾客

**步骤 3　亲切询问顾客有何诉求**

营业员（面带微笑）：您别着急，请说说您购买的商品有什么问题。

顾客：昨天我在这里买了一套家用工具，回家打开后发现少了一些零件，我来换一套。

**步骤 4　仔细倾听顾客陈述**

在顾客陈述的过程中，营业员的目光应多与顾客接触，并不断点头表示自己在认真倾听。

**步骤 5　迅速判断问题所在**

根据顾客陈述的表情、语气及提出的要求来判断，这是一位讲理的顾客，她只要求补偿一套新的商品，没有提出无理要求。因此，给她换一套新的家用工具，就能使她满意。

**步骤 6　耐心地对顾客进行解释**

营业员：您带小票了吗？

顾客：带了。

营业员将顾客的购物凭证或小票接过来，认真核对和查看小票。

**步骤 7　属于商场一方过错的要主动承认错误并提出解决方案**

营业员：非常抱歉！我马上打电话给卖场。

营业员拿起电话打到卖场，卖场回复没货。值班经理又打给库存人员，也回复缺货。

营业员：很抱歉！库存已经没货了。明天您再过来换行吗？

**步骤 8　与顾客商量处理方案**

顾客：不行，家里装修，正等着用。

营业员：您能否先拿一套替代品救急，等到货后，我们再打电话通知您。

**步骤 9　达成协议**

顾客表示同意，并留下自己的联系方式。

**步骤 10　使用文明用语送别顾客**

营业员：谢谢您的理解与支持！希望您再来我店购物。

营业员快步走到门口，礼貌送别顾客（见图 2—12）。

图 2—12　营业员送别顾客

### 三、注意事项

（1）理解与支持顾客，避免争论。

（2）倾听顾客投诉要精神集中，不可漫不经心。

（3）达成协议后要立即执行。

（4）对每一次投诉都要做好书面记录并存档。

## 学习单元 2　处理顾客的异议

### 学习目标

➢能够分析出顾客的异议点。

➢能够对顾客的异议进行处理。

### 知识要求

顾客的异议是指顾客针对营业员及其在销售过程中的各种活动所做出的一种反应，是顾客对商品、价格、营业员、销售方式及交易条件等产生的怀疑和抱怨，提出的否定或反对意见。

### 一、引起顾客异议的因素

**1. 需求方面**

顾客认为商品不符合自己的需要而提出异议。

这种异议的产生可能有两种原因：一是顾客确实不需要或已经拥有类似的商品；二是顾客不想购买的一种托词。对于第一种情况，营业员应立即停止推销。对于第二种情况，营业员应运用有效的异议排除技巧，尽可能促成交易。

**2. 价格方面**

顾客认为价格过高而提出异议。

这是最常见的异议。因为价格涉及顾客的切身利益。顾客对价格提出异议，表示顾客对商品感兴趣，只要价格便宜，就会购买。营业员应该把握时机，从商品使用寿命、款式、工艺、售后服务等方面来说明商品价格的合理性，让顾客感到物有所值。

3. **商品质量方面**

顾客针对商品的质量、性能、规格、花色、包装、品种等提出异议。

这种异议产生的原因很多，包括商品本身的缺陷、顾客自身的主观因素等。处理这种异议有一定的难度，特别是由于顾客自身的主观因素引起的异议。

4. **服务方面**

顾客针对购买前后服务的具体内容、方式等提出异议。

这种异议主要源自顾客自身的消费知识与消费习惯。规范服务流程、完善服务制度、提高服务水平是解决该异议的关键。

5. **人员方面**

顾客对营业员的行为提出异议。

这种异议主要是由营业员自身原因造成的，包括态度不好、过分夸大商品带来的好处等。解决的办法是，营业员一定要保持良好的服务态度，实事求是地介绍商品的功能。

## 二、对顾客异议的处理态度

1. **情绪平稳，轻松应对**

顾客提出异议是正常的，因此，营业员要时刻做好充分的思想准备。当异议出现时，营业员应保持冷静，笑脸应对。在解释之前，一般先以“您真仔细”“您考虑得真周到”“您说得有道理”等作为开场白。

2. **仔细倾听，真诚欢迎**

顾客陈述异议时，营业员应仔细倾听，对顾客提出问题表示真诚欢迎，切不可表现出不耐烦、心不在焉等负面情绪。

3. **重复问题，求证理解**

顾客陈述完毕，营业员应就重点问题、细节、环节进行重新确认，检查自己是否理解透彻，有无遗漏的关键点。

4. **审慎回答，保持友善**

营业员应以坦诚、友善的态度回应顾客的异议，将有关商品的数据、事实清楚地告诉顾客。

5. **尊重顾客，巧妙回答**

对顾客提出的异议，营业员不可粗暴对待，应表现出对顾客很尊重的样子，消除顾客高度戒备心理。由于营业员在商品销售过程中的权限是有限的，因此，营业员不可信口开河、夸夸其谈、随意承诺。应遵循一定的原则，提出让顾客能够接受的方案。

6. 快速处理，留有余地

拖延时间对哪一方都没有好处。如果不能解决异议，交易没有成功，营业员也不可甩脸色给顾客看，应留有余地，客气地送别顾客，为下一次交易打下基础。

## 三、营业员心理素质

1. “处变不惊”的应变能力

应变能力是对一些突发事件的有效处理能力。

例如，零售店里有位顾客来投诉，可能是他喝了点儿酒，进来就砸柜台。作为营业员，你怎么办？

有些营业员可能被吓哭了，从来没见过这种场面，赶紧找组长或报警；而一些经验丰富的营业员则能妥善处理这件事。这就需要营业员具备一定的应变能力，特别是在处理一些恶性投诉的时候，这种能力尤显重要。

2. 挫折打击的承受能力

营业员可能会遭受被顾客误解的挫折打击。

例如，某位顾客因为计算机瘫痪，写了一年的稿子存在计算机里，结果统统没有了。这个问题可能不是机器出现故障，可能是因为这位顾客接收 E-mail 时中了病毒。但是这台计算机是由营业员卖出的。顾客会不会迁怒于营业员呢？当然会，因为他遭受了很大的打击，所以需要有一个发泄渠道。

这时，营业员需要具备很强的承受能力。一方面要稳住顾客的情绪；另一方面，赶紧打电话联系维修人员，尽快为顾客解决问题。

3. 情绪的自我掌控及调节能力

营业员需要具备很强的情绪自我掌控及调节能力。

例如，营业员每天接待 100 位顾客，可能第一位顾客就与他大吵了一顿，这名营业员的心情变得很不好，情绪很低落。后面 99 位顾客依然在等着他接待。这时，营业员会不会把第一位顾客带给他的不愉快转移给下一位顾客呢？很可能会，特别是新入行或年轻的营业员会因此带着情绪接待后面的顾客。

4. 满负荷情感付出的支持能力

满负荷情感付出是指营业员对每一位顾客都能提供最好的服务，不能有所保留。

例如，营业员今天要对 300 个人笑，估计笑不了那么长的时间，所以一开始要笑得少一点。可以吗？当然不可以。因为最后一位顾客不知道营业员前面已经接待了299位顾客，只知道营业员现在接待的是该顾客自己。因此，对待最后一位顾客应和对待第一位顾客一样，需要热情饱满。一般来说，做得越久，这方面的能力就越强。

5. 积极进取、永不言败的良好心态

积极进取、永不言败的良好心态是指在遇到困难或挫折时，不轻言放弃。

良好的心态与团队有很大的关系，如果营业员是在一个和谐融洽的团队里工作，那么很多不愉快的情绪都能得到化解。

## 四、处理顾客异议的案例

【案例2—3】

一位顾客正在津津有味地阅读一本名为《婴幼儿百科全书》的书籍，营业员走到她的跟前说："这本书很好，每天都能卖出几本。"顾客翻看价格，一看420元，表示太贵了。

营业员：您肚子里的孩子几个月了？

顾客：不到两个月就要生了。

营业员：这本书您至少可以使用6年，每年投入才70元，每天约0.19元。1毛9分钱现在能买什么呀？而且对孩子的智力投资又怎么能用钱来衡量呢？

顾客听完，脸上露出会心的微笑，马上同意购买此书。

**案例点评：**

案例中，顾客对商品价格提出了异议。这是在考验营业员的应变能力，营业员应仔细聆听，把握时机，用数字说话，让顾客感到物有所值。

【案例2—4】

一位顾客在一件镶有珠片的连衣裙前徘徊，打量了许久。营业员适时向前，热情介绍该商品。顾客试穿后，感觉效果也不错。顾客再次仔细检查这件连衣裙，对营业员说："这些珠片是不是很容易掉？"营业员说："我理解您的担心，这些珠片质量很好，镶嵌技术高，不容易掉。除了保修期保修外，还享受终身维修服务。"

**案例点评：**

案例中，顾客对商品质量提出了异议。这时，营业员需要具备一定的应变能力，首先要认真倾听，认同顾客的感受，然后巧妙回答。

【案例2—5】

营业员在向一位顾客介绍一件上衣的质地时说："这件衣服是用漂亮的纤维织物制成的，摸上去感觉非常柔软。"

顾客说："是很柔软，但是这种质地很容易脏，不容易清洗。"

营业员说："您说得对，但这是以前的情况。现在的纤维织物都经过防污处理，污渍是很容易去除的。"

**案例点评：**

案例中，顾客对商品质量提出了异议。营业员首先应保持冷静，肯定顾客的疑虑，然后强调商品的突出优点，以弱化顾客提出的缺点。

## 技能要求

### 处理顾客的异议

## 一、操作准备

起褶皱的普通裤子一条（见图 2—13）、品牌裤子一条（见图 2—14）。

图 2—13 起褶皱的普通裤子

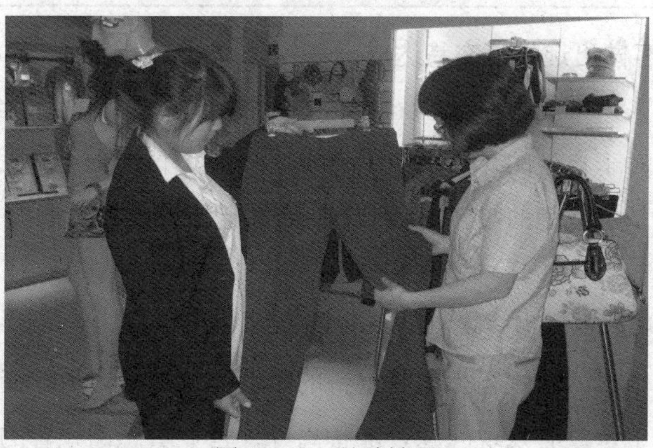

图 2—14 品牌裤子

## 二、操作步骤

**步骤 1　倾听顾客的异议**

顾客来店购买一条裤子，营业员听完顾客提出的需求后，给顾客推荐了一款灰色的棉质布料裤子。顾客仔细检查裤子，发现裤腿侧面有不少褶皱，遂指给营业员看。

**步骤 2　审慎回答，保持友善**

营业员顺着顾客所指的方向看去，发现真的有很多褶皱。由于裤子颜色较浅，褶皱又不太深，因此这些褶皱不容易被发现。

营业员（平心静气地、诚恳地）：这条裤子挂出来没多久，以前都是折叠放在储藏柜里，所以有褶皱。另外，这条裤子的布料是普通棉布，不悬挂也容易起褶。回家后，您洗一洗并晾干，然后挂在衣柜里，就不会有褶皱了。

**步骤 3　提出解决问题的建议**

营业员：或者您买另外一款裤子，是品牌裤子，不起褶皱，不过价格有点高。如果您有时间和精力打理裤子，买这条灰色的裤子也不错。如果您比较忙，经济条件又许可的话，买那条品牌裤子更合适。

两条裤子的不同特点见表 2—5。

表 2—5　　两条裤子的不同特点

| 裤子类型 | 普通裤子 | 品牌裤子 |
| --- | --- | --- |
| 容易起褶皱否 | 如果洗涤方法、储藏方法不正确，很容易起褶皱 | 不起褶皱 |
| 价格 | 较便宜 | 较贵 |
| 舒适度 | 适中 | 较舒服 |

**步骤 4　顾客做出选择，交易达成**

顾客沉默良久，可能不愿意多花时间打理裤子，又一想应该给自己买点好衣服，更何况价格对于自己的月薪来说不算贵。于是，再次向营业员询问：“这条品牌裤子的布料真是免烫型的吗?”得到营业员肯定的答复后，顾客决定购买这条品牌裤子。

**步骤 5　交易结束，微笑送别有异议的顾客**

营业员开好小票，向顾客指示收银台的位置。顾客返回后，交给营业员一联收据，再次检查裤子，没有发现问题，准备离开。营业员感谢顾客的惠顾，微笑着与顾客道别，并目送顾客离店。

## 三、注意事项

（1）处理顾客的异议时，既要解决问题，又要坚持原则。

（2）对于顾客的异议，没有圆满解决的，有时是商场的规定滞后，要积极对店规进行修改，做到与时俱进。

（3）处理顾客的异议要有耐心，不要急躁。

### 思　考　题

1. 如何判断顾客类型并引导其购物？
2. 怎样帮助顾客比较和选择商品？
3. 怎样接待投诉顾客？
4. 如何处理顾客的异议？

# 第3章 商品清查

## 第1节 盘点商品

### 学习单元1 商品盘点准备

#### 学习目标

➢了解商品盘点的含义、目的、原则和时间的确定。

➢掌握盘点前准备工作的要领。

#### 知识要求

一、商品盘点的目的

**1. 商品盘点的含义**

商品盘点是指定期或临时对商品的实际数量进行清查、清点的作业，即为了掌握货物销售的流动情况（入库、在库、出库的流动状况），将现有商品的实际数量与保管账上记录的数量相核对，以便准确掌握库存数量。

### 2. 商品盘点的目的

店铺在营运过程中存在各种损耗，有的损耗是可以看见和控制的，但有的损耗是难以统计和计算的，如偷盗、账面错误等。因此，需要通过盘点来得知店铺的盈亏状况。

通过盘点，一是可以控制存货，以指导日常经营业务；二是能够及时掌握损益情况，以便真实地把握经营绩效，并尽早采取防漏措施。

具体来说，通过盘点可以了解以下情况：

（1）店铺在本盘点周期内的盈亏状况。

（2）目前店铺最准确的库存金额，将所有商品的计算机库存数据恢复正常。

（3）得知损耗较大的营运部门、商品大组以及个别单品，以便在下一个营运年度加强管理，控制损耗。

（4）发现并清理滞销商品、临近过期商品，整理环境，清除死角。

## 二、商品盘点的原则

### 1. 商品盘点的一般原则

在进行商品盘点时，应该按照以下原则进行：

（1）真实

要求盘点所有的点数、资料必须真实，不允许作弊、弄虚作假和掩盖漏洞。

（2）准确

盘点过程要求准确无误，资料的输入、陈列的核查、盘点的点数都必须准确。

（3）完整

所有盘点流程，包括区域的规划、盘点的原始资料、盘点的点数等都必须完整，不要遗漏区域和商品。

（4）清楚

盘点过程属于流水作业，不同的人员负责不同的工作，只有将所有资料、货物整理清楚，才能使盘点工作顺利进行。

（5）团队合作

盘点工作是全体店员参加的营运活动。为减少停业的损失，加快盘点速度，超市各个部门必须有良好的配合协调意识，以大局为重，使整个盘点工作按计划进行。

### 2. 提高商品盘点效率的原则

一般是每月对商品盘点一次，并由盘点小组负责各店铺的盘点工作。为了确保商品盘点的效率，应坚持以下原则：

（1）售价盘点原则

即以商品的零售价作为盘点的基础，库存商品以零售价金额控制，通过盘点确定一定时期内的商品损益。

（2）即时盘点原则

即在营业中随时进行盘点，停止营业以及月末盘点并不一定是正确的选择，超市尤其是便利商店可以在营业中盘点，且任何时候都可以进行。

## 三、商品盘点的要求

为了保证账物相符，减少损失，加快商品流通速度，盘点时间一般确定为周、月、季、年度等。大件商品和贵重商品的盘点要求做到日清日结。确定商品的盘点时间非常重要，应在尽可能投入较少资源的同时，根据商品的不同特性、价值高低、流通速度、重要程度等来确定盘点时间。

## 商品盘点准备

## 一、操作步骤

**步骤 1　编制商品盘点计划**

很多商场的盘点主持人由于缺乏经验，没有做好盘点计划，结果乱成一团，尤其是没有针对预盘阶段做出深入计划，以致复盘时柜组乱得不可收拾，因此，拖延复盘日期，令参与者怨声载道。

一般而言，盘点计划应在复盘日期的一个月前就要具体拟订并发布。比如预定 6 月 26 日到 6 月 30 日为复盘周期（一般人所称的“大盘点”，专指复盘），那么 5 月 31 日前就要确定盘点计划。只有这样，才可以要求柜组营业员做好预盘，以待复盘的有效执行。

编制商品盘点计划时，应掌握一定的技巧。首先，计划要有周详的考虑。例如，计算好每一位预盘主办员每天能用多少时间真正进行预盘（由于每天仍要进行销售作业，因此可能每天仅有 2～3 h 可以真正有效地从事预盘作业），共有多少商品，大约需要多少天才可以完成预盘。

对预盘阶段的控制很重要，因此，也需要有更明细的计划。一般情况下，由预盘主办员自己拟出各储位区甚至储位的预盘计划，由盘点主持人负责调整，再以此控制，才会真正有效率。

下面是某商店盘点计划实例，供参考。

**【案例 3—1】**

## 2010 年 10 月×××店盘点计划

一、目的

为使商品库存数据更具准确性，以及使盘点制度更加规范化，特拟订本盘点计划。

二、要求

1. 所有参盘人员须认真对待盘点工作，所有违纪人员一律按盘点处罚条例严肃处理。

2. 本次盘点的所有工作及数据准确性、损耗率将列入各部门负责人及各班组负责人的工作评定考核范围。

三、盘点时间

2010 年 10 月 8 日 14 时前盘完外仓，9 日财务部门抽盘。8 日对卖场仓库进行盘点，10 日 9 时财务部门抽盘。

2010 年 10 月 10 日 22 时对食品、百货、生鲜销售区进行盘点。

四、盘点对象

×××店仓库及卖场所有属于×××店的商品，联营及专柜不计库存商品除外。

五、盘点负责人

盘点总负责：×××

食品总负责：×××　　　　百货总负责：×××

生鲜总负责：×××　　　　稽核总负责：×××

六、盘点人员

×××店全体员工、促销员及财务部监盘人员。

七、盘点工作计划

（一）盘点前的准备工作

1. 楼面各部门（食品部、生鲜部、百货部）必须于 10 月 8 日之前将所有场外交易的单据核对清楚，并做好计算机处理。

2. 员工培训：由生鲜、食品、百货、收货等部门经理负责组织培训本部门员工（促销员）及支援人员，具体安排见表3—1。楼面各部门经理于10月3日前将各部门所需增援人数报到人事部，所有支援人员于10月5日前落实到位。

表3—1　　员工培训安排表

| 部门 | 时间 | 人员 | 地点 | 负责人 |
| --- | --- | --- | --- | --- |
| 食品部 | 10月5日13:30—15:00 | 上晚班人员（包括休息）、促销员及支援人员 | 会议室 | ×××、××× |
| | 10月5日15:00—16:30 | 上早班人员（包括休息）、促销员及支援人员 | | |
| 生鲜部 | 10月6日13:30—15:00 | 上晚班人员（包括休息）、促销员及支援人员 | 会议室 | ×××、××× |
| | 10月6日15:00—16:30 | 上早班人员（包括休息）、促销员及支援人员 | | |
| 百货部 | 10月7日13:30—15:00 | 上晚班人员（包括休息）、促销员及支援人员 | 会议室 | ×××、××× |
| | 10月7日15:00—16:30 | 上早班人员（包括休息）、促销员及支援人员 | | |

注：①届时所有参盘人员准时到相对应班组报到，各班组主管负责点名，迟到缺席人员一律按旷工处理，主管负责将名单报到人事部。

②10月5日、6日、7日由楼面各班组主管、领班组织本组所有参盘人员在培训完毕后，对卖场进行模拟盘点，并由部门经理（主管）抽查受训人员的受训结果。

3. 相关货物准备

（1）各部门认真检查本区域货架、地堆、端架编号及通道的正确性并明显标示。（10月7日中午前完成，各部门主管负责，部门经理督导）

（2）及时清理破包、破损商品，将滞销商品、库存量大且超出库存天数30天以上的商品及时退货。

（3）整理库存商品，清除一切同商品异货号及拆分包装商品。（10月7日前完成）

（4）清理楼面货架，尽可能使商品一目了然，不乱摆放，一个区域尽可能是同一种商品，原则上不允许跨BAY陈列，清除所有死角。（10月10日前完成）

（5）对楼面所有商品的标签进行核对补充，要求每一种商品都有相应的标签。（10月10日22时前完成）

（6）补货：由于本次盘点为不停业盘点，10月10日所有商品进行封库处理，因此要求楼面在10月8日营业结束后进行一次全面的补货行动。（已盘点的仓库、库存区商品原则上不可动用）

4. 各部门准备工作

(1) 收货部

收货部须于10月8日前除快讯商品及生鲜商品外禁止收货，并检查单据是否录入完毕，确保于10月9日前完成，将结果报到本次盘点总指挥处。

对所有退货商品进行退货确认，退货时要与楼面配合，并贴上“已退货，勿盘”字样。(10月8日前完成)

协助楼面进行计算机系统负库存清理工作。(10月8日前完成)

告示通知供货商10月8日至10日暂停收货（快讯及生鲜自采商品除外）。(10月8日前完成)

10月3日18:00前将支援盘点人员名单报到人事部。

(2) 团购部（负责人：×××）

10月8日前团购商品交割完毕。

10月3日前将支援盘点人员名单报到人事部。

(3) 行政部（负责人：×××）

负责提供所有盘点使用工具及相应后勤工作，如盘点表、库存单据、记号笔、加班人员消夜等。

10月3日前将支援盘点人员名单报到人事部。

(4) 防损部（负责人：×××）

加强所有区域的保卫工作。

负责盘点前的客流疏通工作。

10月3日前将支援盘点人员名单报到人事部。

(5) 财务部（负责人：×××）

本次盘点由财务部进行监盘，所有盘点时间安排应及时通知财务部，以便财务部及时做好人员安排。(10月5日前将监盘人员名单报到人事部)

10月3日前将支援盘点人员名单报到人事部。

(6) ALC部（自动数据处理中心，负责人：×××）

列印报表，协助楼面、收货部清理重复货号商品及拆包商品。(10月5日前完成)

10月5日9:00前分发负库存清单至楼面各部，并督促楼面进行负库存清理工作。

将两个月内所有单据进行一次清理，对未及时录入计算机系统的，要求及时补录。(10月9日前完成)

电话通知10月8日至10日送货的供应商提前或推迟送货。

10月3日前将盘点所需增援人数报到人事部。

(7) 店面人事部（负责人：×××）

调配各部门需求、支援人员，于10月4日10:00前将盘点人员分配表下发有关部门。

负责对所有盘点人员的加班记录和人力补充进行协调沟通。

（二）盘点工作实施步骤

1. 库存区盘点

10月7日至8日食品、百货部协助收货部负责仓库盘点。

10月8日晚营业结束后（禁止外仓提货），楼面做好全面补货作业，并根据10月8日的销售量将商品从仓库中拉出补足，10月8日即做封库动作。自10月8日至10日，禁止商品进出仓库（生鲜、快讯商品及外埠商品除外）。

10月8日前楼面各组及收货部整理好各自的库存商品，并对各自库存商品做好初盘工作，同时贴上商品库存单，并签名确认。

10月8日22:00开始，楼面对库存区进行全面的填写盘点表工作，完毕后由负责人依据编号交部门经理处，经理复核后统一整理，于10月9日10:00前汇总交至店长办公室。

10月10日9:00由人事部×××协调公司财务人员对库存商品进行抽盘、监盘工作（抽盘比例为30%～50%）。要求楼面各组及收货部协助抽盘、监盘，遇到差异立即核实，然后写上正确的数据。库存盘点结束后，由财务部盘点负责人统一收表，于16:00前交ALC部负责人×××处。

2. 销售区域盘点（10月10日22:00）

生鲜、食品、百货部负责卖场销售区域盘点。

10月10日16:00所有楼面人员完成盘点初、复盘表填写工作（依据门店布局图），按提供的商品陈列顺序填写，从上到下、从左到右写清货号。10月10日16:00交至部门经理处，整理后于18:00交至财务部。财务部于21:00把初、复盘表返回各部门经理处。

10月10日20:30，广播开始向顾客提示抓紧时间购物。

10月10日22:00开始全面清场，保证卖场不再有滞留顾客，召集各组主管派员工清理本区域所有孤儿商品，并要求将孤儿商品交到主管处集中，22:15集合所有主管在收银台前区域交换孤儿商品，并负责归位。22:30各盘点人员及盘点支援人员准时到各组主管处签名集合，由各组主管宣布注意事项和盘点纪律。由相关主管发放初盘表。

稽核、监盘核表人员 22:30 准时到达盘点指挥台。

3. 监盘作业程序

盘核人员负责收集复盘表，整理盘点表，抄写编号，做好监盘核表工作。

10 月 10 日 22:30 正式盘点后，分配到各组的监盘核表人对各组的盘点进行监督及收集盘点表格，安排复盘。

监盘核表人随时跟踪和收集初、复盘表，并核对盘点表后交本组盘点负责人安排抽盘人员（比例为 30%）。

本组盘点负责人安排抽盘人员，若抽盘发现差异大者，请复盘人员协同抽盘人员重盘，双方确认数量后，在复盘表“抽盘栏”处写上正确数字并签名。

抽盘结束后，各组监盘核表人将初、复盘表分开，复盘表统一收集交稽核总负责人，由稽核总负责人统一收集交 ALC 部负责人×××处，即刻安排计算机录入。初盘表统一由部门经理收集后交店长办公室备留查用。

4. 盘点人员按已填写货号的盘点表进行数量盘点，填写必须正确，字迹必须工整（如写错，则在错误数字上画“/”，在其上面写出正确数字并签名）。盘点完后，由复盘人在“复盘栏”处签名，抽盘人在复盘表的最下方空白处中间签名，监盘人在“核单人”处签名。

5. 经各组主管和财务稽核人员签字后交由 ALC 部进行录入计算机工作，于次日上午 ALC 部列印盘点差异报表，并分发各组进行一次盘点分析。

6. 盘点后实际库存量与计算机库存量不一致时，经由各组于 10 月 11 日晚营业结束后进行二次盘点，重新进行盘点数量的确认工作，并经部门经理审核后以盘点实际库存量作为更正的数量依据，于 11 月 12 日 12:00 前将二次盘点差异报表交回 ALC 部负责人×××处。

（三）盘点工作流程

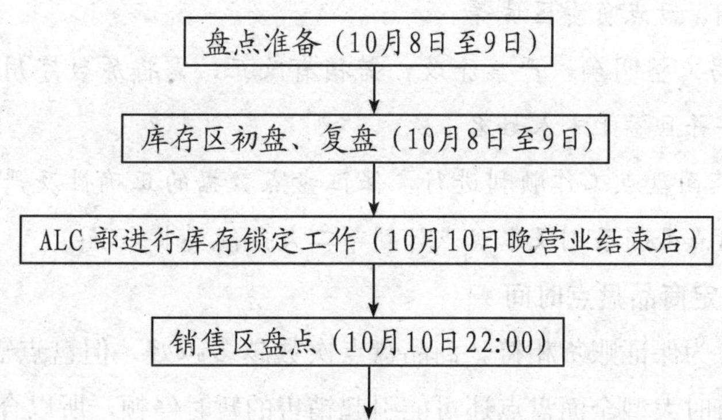

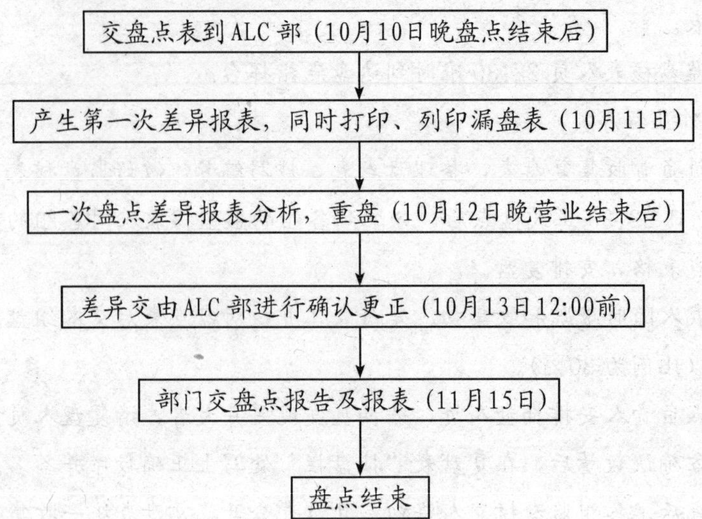


八、注意事项

1. 10月8日至10日，除生鲜及外埠和部分快讯商品可做紧急收货外，其他厂商不做收货动作（协调收货部及采购部做通知厂商工作）。外埠商品不进行计算机录入工作，外埠商品存入仓库一角，并贴上“收货未录入，勿盘”的标签。

2. 办好退货并做录入而厂商未领取的商品，贴上“已退货，勿盘”的标签。

3. 各有关部门经理应于10月8日盘点前做好人力分配，盘点区域落实到人，以免漏盘。

4. 10月8日至10日三天不做退货及库存更正（除特殊情况经店长批准外）。收货部所有的收、退货必须于10月8日之前做好录入工作。

5. 10月8日晚补完货后已封库存商品，原则上至10月10日不得移动，如有团购或其他紧急补货须经店长签字确认后方可移动。同时要做库存盘点数量更正动作，由该组主管填写，须经店长签字后交ALC部。

6. 商品库存单及初、复盘表（包括作废表）必须填写工整，包括盘点人的姓名及工号、日期、盘点负责区域等。

7. 数字书写工整明确，严禁涂改，若稍有改正，需将原数字用笔划掉，在旁边填写正确数字并且签上本人姓名。

8. 为保证店面盘点工作顺利进行，保证盘点数据的正确性及严肃性，如违反盘点纪律则按盘点处罚条例及本盘点计划第二大条例要求处理。

**步骤2　确定商品盘点时间**

一般来说，为保证账货相符，商品盘点次数越多越好，但盘点需要投入人力、物力、财力，有时大型全面盘点还可能引起销售的暂时停顿，所以合理地确定盘点时间非常必要。引起盘点结果盈亏的关键原因在于出入库过程中发生错误，出入库越频繁，引起的误差也会随之增加。

在决定盘点时间时，既要防止过久盘点对商场造成的损失，又要考虑配送中心资源有限、商品流通速度较快的特点，在尽可能投入较少资源的同时，加强库存控制。可以根据商品的不同特性，如价值大小、流通速度、重要程度等来分别确定不同的盘点时间，盘点时间间隔可以是每天、每周、每月、每年等。一般情况下，价值越高、流通速度越快、重要程度越高的商品，盘点的周期越短。如 A 类重要货品每天或每周盘点一次，B 类一般货品每两三周盘点一次，C 类不重要货品每月盘点一次即可。

另外，需要注意的问题是，每次盘点持续的时间应尽可能短，全面盘点以 2～6 天内完成为佳。盘点时间一般会选择：财务结算前夕，通过盘点计算损益，以查清财务状况；淡季，因淡季储货较少，业务不太繁忙，盘点较为容易，投入资源较少，且人力调动也较为方便。

此外，还需注意以下几点：

（1）一般企业为每月盘点一次，盘点时间为 25 日前，具体时间由财务部门于盘点月份 20 日前通知到位。

（2）因各企业实际情况不同，若需更改盘点日期，应提前 5 天申请更改并通知有关部门。

（3）有些企业盘点时间一般定为晚上营业结束后，特殊情况除外。

**步骤 3　盘点前账务处理**

由于商场经营的商品种类繁多，对于各类商品的实际成本计算有一定的困难，所以一般采用零售价格法来进行账面盘点。其计算公式如下：

账面金额＝上期库存零售额＋本期进货零售额－本期销售金额＋本期调整变价金额

表 3—2 所列为某企业采用零售价格法估算期末存货成本。

表 3—2　　采用零售价格法估算期末存货成本　　单位：元

| | 按成本 | 按零售价 |
|---|---|---|
| 期初存货 | 100 000 | 150 000 |
| 本期购货净额 | 350 000 | 450 000 |
| 可供销售的存货总额 | 450 000 | 600 000 |
| 减：本期销售额 | | 500 000 |
| 按零售价计算的期末存货 | | 100 000 |

此外，盘点前账务处理还需注意以下几点：

（1）必须做好盘点前的清账工作，对有单无货、有货无单[①]等情况应及时查明原因，做到账账相符、账实相符[②]。

（2）应于盘点前对变价、报损单据进行汇总结账。

（3）盘点当天的营业额应全部结清，销货单据应全部入账。

（4）到期不能退货商品应全部报损。

**步骤4　盘点人员安排**

（1）人员安排的要求

1）分店楼面部门除必需的留守人员外，所有人员均应参加年度盘点，包括行政部门等，必须支援楼面盘点工作。

2）盘点前一个月，各个部门对参加盘点的人员进行排班。盘点前一周，原则上取消年假休息，盘点当日应停止任何休假。

3）各个部门将参加盘点的人员名单报盘点小组，必须注明哪些是点数人员，哪些是录入人员。

4）盘点小组统一对全店的盘点人员进行安排，分为库存区盘点人员和陈列区盘点人员。

5）盘点小组安排盘点日陈列区的人员时，各个分区小组中必须包括本区营运部门的经理、主管和熟练员工。

6）盘点小组在每一个分区小组的人员安排中，必须明确初点录入人员和点数人员、复点录入人员和点数人员等。

（2）人员安排的通告

1）盘点小组的人员安排。

①盘点小组在上报参加盘点人员名单和排班后，对楼面所有盘点人员做出安排，于盘点前7天以书面通知、公告的方式通知各个部门。

②盘点人员分别按库存区盘点和陈列区盘点来安排。将超市的盘点区域分成不同的盘点分区，每个分区各设一个盘点分组和分控制台，每个分控制台设置一名分台长，全面控制盘点工作的进行。

2）盘点复查人员的安排。根据盘点情况，复查人员分别按库存区盘点和陈列区盘点来安排。要求每个分区都必须安排人员进行复查。重点是贵重商品、销售金

① 有单无货、有货无单中的“单”是指进货单。

② 账账相符是指财务部门的商品账与实物账数量、金额相符，账实相符是指商品账与进货单记载数量、金额相符。

额比重较大的商品以及比较容易出现点数错误的区域。

**步骤 5　盘点人员培训**

盘点小组成立后，需要对盘点小组人员进行培训，包括盘点管理层的培训、点数员工的培训、输入员工的培训等。此外，需要建立培训档案，进行盘点培训的考核，所有参加盘点人员均须通过考核。

盘点培训的具体内容包括以下几个方面：

（1）盘点表的使用

1）盘点小组应对所有区域设置盘点表。

2）盘点表是编号的，在某一编号下，盘点表必须经过盘点小组的登记审核才可以增加。

3）盘点前到总控制台领取盘点表，盘点完毕并填写清楚后，交回总控制台。

4）填写完毕的盘点表必须经有关部门盘点专员抽查确认后才能封存，并等待输入计算机系统。

5）如果需要修改盘点表上的数字，不能用涂改液，必须将原来的数据划掉后重新书写。

6）盘点表上只记录商品品名，盘点表上的数据是该商品在相应盘点位置下的所有库存总数。

7）盘点表上的数据只能用蓝色、黑色签字笔或圆珠笔书写，不能用红笔、铅笔或彩色笔书写。

8）盘点人员必须在盘点表上用中文正楷字体签字。

（2）点数的原则

1）点数必须是该商品盘点时的单位。如口香糖，如果是整盒销售，则盘点时的计数单位是"盒"。

2）库存区的盘点为两人一组，同时点数，当两人的点数一致时，才将该数据作为盘点数据记录在盘点表上。

3）陈列区的盘点则采取互点法，即商品 A 的初点作业人员与复点作业人员不同，点数人员与记录人员不同。

4）非供应商免费提供的样品必须点数，样品的配件不点数。

5）赠品不盘点。

6）不足一个销售单位的商品不计数。

（3）初点规定

1）盘点货架或冷冻柜、冷藏柜时，依序由左至右、自上而下进行；两人一组，一人点数，并将数量写在自粘贴纸上，放置在商品价格卡的上面；另一人用数据采集器（盘点机）输入数字。

2）盘点数字要书写工整，不可潦草，以防混淆。

3）清点时一定要按销售单位进行，不够一个销售单位的不能计入，应取出归入待处理品堆放处。

4）盘点时要查看商品的有效期，过期商品不应点数，应归入待处理品堆放处。

5）对无法查找编号的商品，用红色自粘贴纸做标记，并报告分控制台进行处理。

6）遇到非本部门的散货，将其送到分控制台，归入散货区堆放处。

（4）复点规定

1）复点时应先确认需要复点的区域是否已经完成初点的录入，有无遗漏区域。

2）复点需要使用不同颜色的自粘贴纸，以示区别。

3）复点时重复初点流程，但人员不同。

（5）抽点规定

需要抽查盘点的商品是：初点与复点中有数量差异的商品，初点与复点中漏点的商品，初点与复点中位置不正确的商品。

**步骤6　盘点环境准备**

盘点作业开始之前必须对盘点现场进行整理，以提高盘点作业的效率和盘点结果的准确性。清理工作主要包括以下几个方面的内容：

（1）盘点前对已验收入库的商品进行整理并归入储位，对未验收入库且属于供货商的商品，应区分清楚，避免混淆；对残次品应进行清理，并归位放齐；对退货商品应及时处理，暂无法退货的应加以标注；对赠品应进行清理，单独存放并加以标注。

（2）关闭盘点场所应提前通知，对于需要出库配送的商品，提前做好准备。

（3）账卡、单据、资料均应整理后统一结清，以便及时发现问题并加以预防。

（4）预先鉴别变质、损坏商品，及时从店铺中清理出报废品。对储存场所堆码的货品进行整理，特别是对散乱货品进行收集与整理，以方便盘点时计数。在此基础上，由商品保管人员进行预盘，以便及时发现问题并加以预防。

（5）整理内仓、货架上的陈列商品。

（6）清除店铺内的死角。

**步骤7　盘点表抄写、复查、编号**

（1）营业员应于盘点前一天抄写盘点表（提前对商品品名等进行抄写），并填写盘点表，一式三份。

(2) 盘点负责人或组长、处长应对已抄好货架、内仓、堆装、端头陈列、精品柜、收银台周围的商品进行品名、规格、单价、保质期等项目的复查，注意重箱、空箱的漏抄、重抄现象。

(3) 已抄好盘点表后的到货商品，应于盘点当天单独抄表并注明附在商品所属大类中。

(4) 店长应对抄好的盘点表进行编号，并分出 A、B、C 表，商品单价高、数量少的列为 A 类，商品单价低、数量多的列为 C 类，介于两者之间的列为 B 类。

**步骤 8　盘点工具准备**

(1) 盘点所需的各类可重复使用的工具（如盘点机、计量器具等），由营运部一次配齐，各店铺盘点负责人盘点前发给盘点人员，盘点结束后收回保管，以备后用。

(2) 属正常损耗（根据企业规定）的盘点工具缺失，可由店铺盘点负责人提出申请后由营运部补发。

(3) 若使用盘点机盘点，需先检查盘点机是否可正常操作；如采用人员填写方式，则需准备盘点表及红、蓝色圆珠笔。

**步骤 9　停业通告及厂商通告**

(1) 若因特殊情况确需进行停业盘点的，应由店长提出申请，经总经理批准后方可停业，盘点前应在店外张贴停业通告。

(2) 各有关部门应及时通知送货厂商于盘点前一天不宜送货。

## 二、注意事项

(1) 通过不断培训，要引起所有员工对盘点重要性及必要性的足够重视。

(2) 对于盘点要强制执行，不能半途而废。

(3) 盘点时最好三人一组，一人盘点，一人记录，一人复核。为避免出错，盘点人应注意复查，以免盘点中的数据不准确。

(4) 要想办法减少在盘点中出现的失误。例如，要避免写错等现象的发生。

(5) 事先划分好店员各自盘点的区域，要做到忙而不乱，并且明确各自的职责，增强员工的责任心。

(6) 盘点之前要进行充分准备，包括盘点的工具，如表格、台账、点数卡等，不要在盘点时找这找那，容易出现混乱场面。盘点要有条不紊地进行，以免忙中出错。

（7）有关盘点的实施时间要提前通知员工。

（8）盘点时店长要注意观察，发现问题应及时指出，以免问题更加严重。

（9）盘点时做到责任到人、区域到人，不要出现责任不清、区域混乱的现象。

（10）盘点表上的数据要清晰明了。

## 学习单元 2　商品盘点

### 学习目标

➢ 掌握商品盘点的方法和制度。

➢ 能够正确进行商品盘点。

### 知识要求

#### 一、商品盘点的方法

商品盘点的方法主要有两种，即账面盘点法和现货盘点法。

账面盘点又称永续盘点，就是把每天入库和出库货品的数量及单价，录入计算机或记录在账簿上，而后不断累计加总算出账面上的库存量及库存金额。现货盘点又称实地盘点或实盘，就是清点调查仓库内的实际库存数，再依货品单价计算出实际库存金额。目前国内大多数配送中心都已使用计算机来处理库存账务，账面数与实存数发生差异时，有时很难断定是账面数有误还是实盘数有误。所以，可采取账面盘点和现货盘点平行的方法，以查清误差出现的原因。

**1. 账面盘点法**

账面盘点法是对每种商品分别设立商品进销存台账，将每种商品出入库数量及有关信息记录在账面上，逐笔汇总出账面库存结余量。商品进销存台账见表 3—3。

**2. 现货盘点法**

现货盘点法是对库存商品进行实物盘点的方法。按盘点时间频率的不同，现货盘点法包括以下几种：

（1）期末盘点法

表 3—3　　商品进销存台账

编号：0001　　规格：600 mL　　商品名称：乐扣杯

| 2010 年 | | 凭证 | | 摘要 | 购进 | | | 销售 | | | 借或贷 | 结存 | | |
|---|---|---|---|---|---|---|---|---|---|---|---|---|---|---|
| 月 | 日 | 种类 | 号数 | | 数量 | 单价 | 金额 | 数量 | 单价 | 金额 | | 数量 | 单价 | 金额 |
| 10 | 28 | | | | | | | | | | | 50 | 23 | 1 150 |
| | | | | | | | | | | | | | | |

期末盘点法是指在会计计算期末（如月末、季末、年末等）统一清点所有商品数量的方法。由于期末盘点是将所有商品一次点完，因此工作量大、要求严格。通常采取分区、分组的方式进行。分区即将整个储存区域划分成一个一个的责任区，不同的区由专门小组负责点数、复核和监督。因此，一个小组至少需要三人，一人负责清点数量并填写盘存单，另一人复查数量并登记复查结果，第三人核对前两次盘点数量是否一致，对不一致的结果进行检查。

（2）定期盘点法

定期盘点又称闭库式盘点，即将柜组其他活动停止一段时间，对商品实施盘点。一般采用与会计审核相同的时间跨度。

（3）循环盘点法

循环盘点法是指在每天或每周盘点一部分商品，在一个循环周期内将每种商品至少清点一次的方法。通常对价值高或重要商品盘点的次数多，而且监督也严密一些，而价值低或不太重要商品盘点的次数可以尽量少。循环盘点一次只对少量商品进行盘点，所以，通常只需保管人员自行对照库存数据进行点数检查，发现问题按盘点程序复核，并查明原因，然后做出调整。

（4）复式盘点法

复式盘点法是常用的一种盘点方法，盘点前按商品顺序填好盘点表，分为两个小组进行盘点。第一组先进行盘点，结算出数量、金额；第二组对照盘点表再复核一遍，目的是纠正错盘和漏盘，确保盘点的准确性。

## 二、商品盘点工具的使用

### 1. 使用无线终端条码扫描设备（俗称无线扫描枪）盘点

传统的扫描枪与数据采集器（盘点机）的盘点方式很相近，主要区别在于传统的扫描枪自身不带内存，只是实现即时传输，连接计算机后，扫描所得数据直接显示在光标定位的地方。而无线扫描枪自身携带内存，可以在不连接计算机的情况下工作，所以与计算机的距离不受限制。扫描所得数据首先存储在采集器的内存里，然后通过传输底座将数据传输到计算机上实现批处理。

无线扫描枪可以实现在不连接计算机的情况下进行数据采集，可以完成对货品的盘点，但缺点是受到距离的限制，而且价格也不便宜。

目前出现了一种新的盘点工具，就是将传统的有线扫描枪升级为无线扫描枪，再配合计算机终端、手持终端等使用，以实现实时数据传输和信息汇总。

**2. 使用数据采集器（盘点机）盘点**

使用数据采集器（盘点机）的前提条件是所有货品都必须有条码，一个条码唯一代表一种商品，条码重复和没有条码都是不行的。数据采集器（盘点机）就是通过扫描条码来对货品进行清点的。将货品条码导入数据采集器（盘点机），而后经数据采集器（盘点机）整理导出一个 .txt 文档或其他格式的文档，此文档即相当于传统盘点的盘点单，之后可据此文档进行复盘。

## 三、商品盘点制度

为了准确反映企业的商品结存状况，加强商品安全和库存管理，为企业经营决策提供真实有效的数据，商场或柜组将定期对商品进行盘点，并对盘点差异进行考核。为了规范商品盘点工作，一般商场都会制定商品盘点管理制度，其内容主要包括盘点原则、盘点操作程序、盘点准备、盘点要求等。下面是某商业企业商品盘点管理制度案例，供参考。

**【案例 3—2】**

### 企业商品盘点管理制度

一、总则

商品盘点是企业经营活动中一个必不可少的重要工作环节。为保证经营管理工作的正常秩序，减少经济损失，提高经济效益，商品盘点工作按照程序标准定期和不定期地组织开展。

二、职责划分

盘点工作由业务部、财务部负责规划落实，各卖场、仓储部门具体组织实施。

三、盘点工作程序

1. 卖场、仓库每月盘点一次，根据商品属性及盘点难易程度，错开盘点时间。

2. 商品盘点时间为每月第一周的星期一营业结束后。

3. 实行单品管理的商品，由计算机提供代码、详细品名、单价，卖场凭此点数、核对条码、价格。

4. 属日清日结的商品应每天清盘，非日清日结的商品每月定期盘点，特殊商品实行动态即盘。

5. 各柜组按要求填制盘点损益报告表，经卖场汇总上报财务部门，经审批后，返还柜组进行账务处理。

6. 财务部门随时进行抽查盘点和监督盘点。

7. 盘点数据交财务部门备案。

四、盘点要求

1. 对盘点前已经发生的长、短、残、损商品，应分别按规定填写有关凭证，上报审批并做账务处理，盘点时不得用白条、欠条顶替盘点或红字冲减。

2. 对盘点前借出的商品应及时处理，认真清点，广告陈列商品、返厂修理商品及时追回，仓库和卖场的往来调货票及时销账进账。

3. 对柜台内、货架上商品在盘点前进行整理，并清理架下散包商品，为集中盘点做好准备。

4. 对仓库商品，保管员应在盘点前进行整理，做到账货统一。

5. 盘点前，各部门应及时清理账务，盘点时做到账账相符、账实相符。

6. 大宗不动商品可预先盘点，零星商品可进行盘点前的点数捆包，需丈量或称重的商品可提前计数，但正式盘点时，必须再次查看是否原数未动，进行核实后，方可填写盘点表。仓库盘点前，经销商品、代销商品应分别填制盘点表。

7. 盘点前，柜组应先与收银台核对账后款，以保证柜台盘点准确。

8. 盘点前，相关部门合理安排班次，确保盘点顺利进行。

9. 盘点时采取一人点数，一人填表的方式，逐层由左至右按商品顺序进行盘点，互相复核或穿插复核，防止错盘、漏盘、重复盘。要求数量准确，填写真实，金额无误，盘点表要双人签字。

10. 各部门盘点金额应做到账实相符，长短款金额据实填入盘点结果报告表，并注明上期至本期盘点间的销售额和差错率、差错额、差错原因，签齐参盘人员的姓名，逐级上报主管部门。

五、盘点注意事项

1. 盘过的商品与未盘商品要分开。

2. 原价商品与削价商品要分开。

3. 仓库中经销商品与代销商品要分开。

4. 点数、抄表准确，字迹工整。

5. 计量单位清楚，计算金额准确。

6. 盘点要双人复核，确保盘点准确无误。

## 技能要求

### 商品盘点

#### 一、操作准备

商品盘点表、笔、计算器等。

#### 二、操作步骤

**步骤1　整理商品**

（1）对货柜货架商品进行整理，将错位商品回归原位并码放好。

（2）将残损商品、变质商品单独放到指定位置。

（3）对库存商品进行整理，码放整齐并标明数量。

（4）对陈列商品进行整理并码放整齐。

（5）核对货架盘点表上的货架编号是否与实际货架号一致。

**步骤2　抄写商品盘点表（见表3—4）**

（1）抄写货柜货架商品编号、品名、规格、单价。

（2）抄写库存商品编号、品名、规格、单价。

（3）抄写陈列商品编号、品名、规格、单价。

（4）抄写展台商品编号、品名、规格、单价。

表3—4　　**商品盘点表**

柜组：　　2010年6月28日　　第1页共3页

| 编号 | 品名 | 品牌规格型号 | 数量 | 单位 | 单价（元） | 金额（元） |
|---|---|---|---|---|---|---|
| 206a1166 | 电话机 | 三洋 s150 | 30 | 台 | 260.00 | 7 800.00 |
| 306a2255 | 复印机 | 惠普 b121 | 3 | 台 | 21 000.00 | 63 000.00 |
| 3100 | 传真机 | 松下 s335 | 5 | 台 | 500.00 | 2 500.00 |
| | | | | | | |
| 合计金额 | | | | | | 73 300.00 |

柜组负责人：　　复核人：　　制表人：

**步骤3　核对盘点表**

（1）核对货架上的商品编号、名称、规格、售价是否与货架盘点表一致。

（2）核对易出差错的商品。

(3) 核对库存大件商品或整箱商品，如为多箱商品，则需在商品库存卡上注明多少箱。商品库存卡见表 3—5。

**表 3—5　　商品库存卡**

品名：　　　　　　　　　　　　　　　　　　　　料号：

| 日期 | 收入 | 发出 | 结存 | 仓管员 |
|---|---|---|---|---|
| | | | | |
| | | | | |
| | | | | |

(4) 核对多个单品拼箱，并在商品库存卡上注明商品的名称、规格、数量。

**步骤 4　盘点**

按货柜货架逐层自上而下、从左至右顺序点数，一人点数，一人填表，见表 3—6。

**表 3—6　　商品盘点表**

柜组：文体组　　　　　　　　　　　　　　　　2010 年 10 月 31 日

| 编号 | 商品名称 | 品牌规格型号 | 单位 | 数量 | 价格（元） | 金额（元） | 备注 |
|---|---|---|---|---|---|---|---|
| 1 | 中性笔 | 三菱牌水性笔 UB-150 | 支 | 105 | 5.60 | 588.00 | |
| 2 | | 晨光 MF2007 全针管中性笔 | 支 | 200 | 1.10 | 220.00 | |
| 3 | | 晨光 GP1310 八色荧光中性笔 | 套 | 205 | 8.00 | 1 640.00 | |
| 4 | | 晨光 Q7 劲爆中性笔 | 支 | 75 | 0.80 | 60.00 | |
| 5 | | 爱好 AH2000A 中性笔 | 支 | 69 | 1.20 | 82.80 | |
| 6 | | 斑马牌签字笔 BE-100 | 支 | 88 | 2.70 | 237.60 | |
| 7 | 白板笔 | 斑马牌白板笔（大） | 支 | 34 | 6.00 | 204.00 | |
| 8 | | 白金牌白板笔（大） | 支 | 26 | 2.40 | 62.40 | |
| 9 | | 东洋白板笔 | 支 | 78 | 1.50 | 117.00 | |
| 10 | 圆珠笔 | 多好牌 SA-S 圆珠笔 | 支 | 36 | 0.55 | 19.80 | |
| 11 | | 嘉嘉 818 圆珠笔 | 支 | 25 | 0.65 | 16.25 | |
| 12 | | 文明 SA-S 圆珠笔 | 支 | 500 | 0.60 | 300.00 | |
| 13 | | 三菱 SA-S 圆珠笔 | 支 | 300 | 5.20 | 1 560.00 | |
| 14 | | 爱好 505 圆珠笔 | 支 | 400 | 0.55 | 220.00 | |
| 15 | | 晨光 BP001 办公圆珠笔 | 支 | 205 | 0.65 | 133.25 | |
| 16 | 铅笔 | 中华 2B 铅笔 | 支 | 1 000 | 0.50 | 500.00 | |
| 17 | | 中华 3B 铅笔 | 支 | 1 500 | 0.50 | 750.00 | |
| 18 | | 中华 4B 铅笔 | 支 | 1 200 | 0.50 | 600.00 | |
| 19 | | 中华 5B 铅笔 | 支 | 1 400 | 0.80 | 1 120.00 | |
| 20 | | 中华 6B 铅笔 | 支 | 1 300 | 0.80 | 1 040.00 | |

续表

| 编号 | 商品名称 | 品牌规格型号 | 单位 | 数量 | 价格（元） | 金额（元） | 备注 |
|---|---|---|---|---|---|---|---|
| 21 | 宝珠笔 | 派克胶杆宝珠笔 | 支 | 60 | 21.00 | 1 260.00 | |
| 22 | | 全钢派克宝珠笔 | 支 | 65 | 35.00 | 2 275.00 | |
| 23 | | 罗氏 307 宝珠笔 | 支 | 70 | 9.00 | 630.00 | |
| 24 | | 罗氏 9＃宝珠笔 | 支 | 80 | 10.00 | 800.00 | |
| 25 | | 罗氏 642 宝珠笔 | 支 | 65 | 8.00 | 520.00 | |
| 26 | | 派克宝珠笔芯 | 支 | 70 | 9.00 | 630.00 | |
| 27 | 钢笔 | 罗氏 642 钢水笔 | 支 | 60 | 11.00 | 660.00 | |
| 28 | | 派克胶杆钢笔 | 支 | 75 | 35.00 | 2 625.00 | |
| 29 | | 英雄 616 钢笔 | 支 | 90 | 8.00 | 720.00 | |
| 30 | 电池 | 金霸王 9 V 电池 | 粒 | 500 | 13.00 | 6 500.00 | |
| 31 | | 金霸王 7 号电池 | 粒 | 500 | 2.50 | 1 250.00 | |
| 32 | | 金霸王 5 号电池 | 粒 | 500 | 2.50 | 1 250.00 | |
| 33 | 笔记本 | 中佳 730448K 皮面笔记本 | 本 | 600 | 1.60 | 960.00 | |
| 34 | | 中佳 730560K 皮面笔记本 | 本 | 500 | 0.85 | 425.00 | |
| 35 | | 潮盛 1629 皮面笔记本 | 本 | 600 | 5.30 | 3 180.00 | |
| 合计 | | | | 12 581 | | 33 156.10 | |

**步骤 5　计算盘点表**

使用计算器对盘点表上的单品进行计算，在此基础上计算出盘点表合计数量和金额，见表 3—6。

**步骤 6　复核并上交盘点表**

盘点人员根据商品盘点表进行复核，复核无误后，与财务人员核对并上交盘点表。

## 三、注意事项

（1）盘点当天的营业额应全部结清，销货单据应全部入账。

（2）盘点时不得用白条、欠条顶替盘点或红字冲减。

（3）抄表时字迹工整，认真细致。

（4）逐一清点商品，不得估算。

（5）计量单位清楚，计算金额准确。

（6）盘点要双人复核，杜绝错盘、漏盘和重复盘。

# 学习单元 3　计算商品差错率

## 学习目标

➢ 掌握商品出现差错的原因和避免差错的方法。

➢ 正确计算商品差错率。

## 知识要求

### 一、商品出现差错的原因

（1）进货过程中出现的差错。主要是由于验收时不认真、不全面造成的。

（2）外界条件对商品的影响。商品从购进到销售，经过运输、储存、整理、挑选、分级、称量等多道环节，因此会发生各种损耗。

（3）机械对商品的影响。在装卸、搬运、堆码过程中，受碰撞、挤压而发生残损和短少现象，如渗漏、散包、变形、破损等。

（4）销售过程中出现的差错和长短款（即超出账面金额和少于账面金额）。

（5）报表凭证中出现的差错。

（6）盘点过程中出现的差错。如漏盘、溢盘、串号、盘点数字不实、计算不准、计量单位折算错误等。

（7）商品丢失等造成的损失。

### 二、避免差错的方法

盘点盈亏根本体现在商品损益上，归根结底是由于员工平时工作疏忽、责任心不强、不严格按照规程操作造成的。因此，要避免盘点中大的盈亏差错，必须加强全员责任心的培养与业务水平的提升。具体如下：

（1）从根本上增强工作责任心，防止商品损失。

（2）严格把好商品验收关，防止不合格商品进入柜台。

（3）检查各类度量衡器具，保证计量准确无误。

（4）加强报表单据各环节的复核与控制。

（5）加强盗窃等各类防范活动，减少因此而带来的损失。

（6）对超量、冷背、呆滞商品（即积压的商品）及时推销处理或返厂。

（7）把好商品质量关，坚持先进先出原则，做到先进货的商品先出售。

（8）减少残损商品和花色、型号、规格等级不全的滞销商品。

## 技能要求

### 计算商品差错率

#### 一、操作准备

商品盘点表、计算器等。

#### 二、操作步骤

商品差错率计算公式如下：

商品差错率＝商品差错笔数÷库存商品总笔数×100％

**步骤 1　确定商品差错笔数（数量、金额）**

根据表 3—6（2010 年 10 月 31 日文体组商品盘点表）相关内容，表 3—7 列出了几种商品数量的缺失情况。

表 3—7　　商品盈亏表

柜组：文体组　　2010 年 10 月 31 日

| 编号 | 商品名称 | 品牌规格型号 | 单位 | 数量 | 价格（元） | 金额（元） | 备注 |
|---|---|---|---|---|---|---|---|
| 1 | 中性笔 | 三菱牌水性笔 UB-150 | 支 | －5 | 5.60 | －28.00 | |
| 4 | | 晨光 Q7 劲爆中性笔 | 支 | －5 | 0.80 | －4.00 | |
| 10 | 圆珠笔 | 多好牌 SA-S 圆珠笔 | 支 | －3 | 0.55 | －1.65 | |
| 15 | | 晨光 BP001 办公圆珠笔 | 支 | －4 | 0.65 | －2.60 | |
| 21 | 宝珠笔 | 派克胶杆宝珠笔 | 支 | －5 | 21.00 | －105.00 | |
| 25 | | 罗氏 642 宝珠笔 | 支 | －3 | 8.00 | －24.00 | |
| 27 | 钢笔 | 罗氏 642 钢水笔 | 支 | －5 | 11.00 | －55.00 | |
| 28 | | 派克胶杆钢笔 | 支 | －5 | 35.00 | －175.00 | |
| 合计 | | | | －35 | | －395.25 | |

注：数量前加“－”表示商品盘亏。

**步骤 2　确定库存商品总笔数（数量、金额）**

在表 3—6 中，文体组商品总数量为 12 581，总金额为 33 156.10 元。

**步骤 3　计算商品差错率**

以表 3—6、表 3—7 为例，具体计算公式及过程如下：

商品数量差错率＝商品差错笔数÷库存商品总笔数×100％

＝35÷12 581×100％＝0.28％

商品金额差错率＝商品差错金额÷库存商品总金额×100％

＝395.25÷33 156.10×100％＝1.19％

按照规定，以整进整出为主的商品差错率不应高于 0.5％，以整进零出为主的商品差错率不应高于 2％。根据数量、金额两个指标计算，均未超过规定比例。

## 三、注意事项

（1）在实际工作中，商品正常损耗与差错不得混为一谈，必须划清两者的界限。

（2）严格执行商品损耗标准，不得随意修改。

# 学习单元 4　商品盘点后的处理

## 学习目标

- 了解商品残损的原因和处理程序。
- 掌握商品调价的原因。
- 正确填写商品残损报告单。
- 正确填写商品调价单。

## 知识要求

## 一、商品盘点后的主要工作

商品盘点完毕，在确认盘点记录无异常情况后，就要进行第二天正常营业的准备和清扫工作。这项善后工作包括补充商品，将陈列品恢复原状，清扫通道上的纸屑、垃圾等。善后工作要达到整个门店第二天能够正常营业的效果。

盘点作业结束后，就要对盘点作业相关账册的记录核算工作进行复查。进行这项工作时，要重新复查数量栏，审核有无单位上的计量差错，对出现的一些不正常数据进行确认，更正一些字面上明显看出的差错。将每一张盘点单上的金额相加累计，然后算出合计金额。复核无误后，将盘点结果送财务部门，财务部门对所有盘点数据复审之后就可以得出该卖场的营业成绩，结算出毛利和净利，这就是盘点作业的最后结果。

一般情况下，对超级市场或商场来说，盘损率应在2%以下，如果超过2%就说明盘点作业结果存在异常，要么是盘点不实，要么是企业经营管理状况不佳。应采取的对策是：重新盘点或改善经营管理状况。

## 二、商品盘点差错分析及要求

商品盘点差错有两种，即盘盈和盘亏。盘亏分为有因盘亏（有原因的盘亏）和无因盘亏（无原因的盘亏），无因盘亏为盘亏总额减有因盘亏的差额。

### 1. 有因盘亏的原因及责任划分

（1）商场责任

商场责任的盘点差错原因及相关分析见表3—8。

表3—8　　商场责任的盘点差错原因及相关分析

| 盘点差错原因 | 差错分析及要求 |
|---|---|
| 1. 商品串码 | 必须写明串码商品条形码、名称、金额等 |
| | 串码商品数量必须相符，不得超出商品总量 |
| | 串码商品必须是同一类别的商品 |
| | 串码商品金额不得超出串码商品的盘差金额（商品的差额），超出部分视为无因亏损 |
| 2. 上次盘点有误 | 必须写明数量和金额，亏损金额且不得超出上次盘盈数量、金额 |
| 3. 促销赠品未及时报采购部调整 | 必须有卖场经理签字并报业务部门认可 |
| 4. 未按退货流程执行退货 | |
| （1）经业务部门确认 | 业务部门可予以没收，视为卖场无因亏损 |
| （2）交接手续不全 | 卖场提交的退货商品签收手续应有收货方的签字，收货方拒绝签字的，门店应在第一时间书面传真给配送中心，否则视为无因亏损 |
| （3）退货商品包装及质量不符合规定 | 卖场应确保退货商品包装和质量符合规定，如业务部门提出异议，将视为无因亏损 |
| 5. 收货出现差错未能及时向配送中心反馈 | 视为无因亏损 |
| 6. 直配商品退货数据未录入 | 视为无因亏损 |

上述情形中视为无因考核的部分，商场应做出分析，并追究相关人员责任。

（2）业务部门责任

业务部门责任的盘点差错原因及相关分析见表 3—9。

表 3—9　　业务部门责任的盘点差错原因及相关分析

| 盘点差错原因 | 差错分析及要求 |
| --- | --- |
| 1. 商品配送错误 | 必须注明配送单据号，制单日期，错发商品的代码、名称、数量等 |
| 2. 有单无货或数量短少 | 必须注明配送单据号，制单日期，短少商品代码、名称、数量等 |
| 3. 无单无货，由计算机调拨 | 必须注明配送单据号、日期、品名、代码、数量等 |
| 4. 退货未做负调拨（按退货流程执行的退货） | 提交商场及收货方的交接手续 |
| 5. 赠品数未及时调整 | 经业务部门同意使用 |
| 6. 商场代收商品未做验收单 | 提交商场及供货方的交接手续 |

（3）计算机部（采购部）责任

计算机部（采购部）责任的盘点差错原因及相关分析见表 3—10。

表 3—10　　计算机部（采购部）责任的盘点差错原因及相关分析

| 盘点差错原因 | 差错分析及要求 |
| --- | --- |
| 1. 一品多码（置码） | 必须注明另一个或几个条形码的盘盈数量及金额 |
| 2. 商品无名称，却有库存 | 必须注明该条形码的盘盈数量及金额 |
| 3. 计算机程序不完善或计算机部重复录单引起的差错 | 完善计算机程序，避免操作失误 |
| 4. 商品资料错误（如计价单位等出错） | 采购部责任 |

以上未涉及的情形，相关部门应提交有说服力的依据，公司责成营运部进行原因的判定及确定责任的归属。

## 2. 盘盈的原因及相关分析（见表 3—11）

表 3—11　　盘盈的原因及相关分析

| 盘盈原因 | 分析及要求 |
| --- | --- |
| 1. 部门多盘 | 必须有经理级以上人员的签字 |
| 2. 计算机登录错误 | 必须有经理级以上人员的签字 |

续表

| 盘盈原因 | 分析及要求 |
| --- | --- |
| 3. 上轮盘点漏盘 | 必须注明上轮盘点盘亏数量、金额等 |
| 4. 有货无单（无计算机调拨） | 必须注明到货日期 |
| 5. 误将赠品计入商品库存 | 必须有经理、柜组组长签字 |

注：盘盈中串码的分析仅需在库存盘点报表中做与盘亏情形中串码相对应的分析，其余情形应按上述表格形式做出分析表。

## 三、残损商品的处理

商场或超市的残损商品是指在流转过程中发生破损、短缺、质次、超保质期而不能正常销售的商品。商品销售量大，残损商品也随之增多。残损商品管理影响商场的费用及利润，也是衡量一家商场管理水平的一个重要尺度。

### 1. 残损商品的范围

（1）按种类分，有商品破损、短缺、质次、标志不全、变质、计量不足、假冒伪劣、“三无”商品、超保质期、不能食用等。

（2）按流转环节分，有进卖场前（包括采购部、配送中心、卖场内仓）和进卖场后（上架前和上架后）两种。

（3）按残损程度分，有可退换和不可退换、可降价销售和不可降价销售。

### 2. 残损商品的管理职责

在商品流转环节，残损商品发生在哪个流转环节，就由相应的部门（包括采购部、配送中心、卖场内仓）负责管理。

（1）采购部负责处理的商品有：质次、假冒、伪劣、“三无”商品；进配送中心三天内发现的破损、短缺、变质、超保质期、临近保质期商品。对以上两种商品做退调、削价、报废处理，并承担经济损失责任。

（2）配送中心负责处理的商品有：商品送至卖场，验收时发现的残损、短缺、质次商品；储存过程中发现的残损和临近保质期商品；商品送至卖场内仓后三天内发现的质次商品。对以上三种商品做退调和报损处理，并承担经济损失责任。

（3）卖场店面部门负责处理的商品有：直送商品流转过程中出现的残损商品；上架后的破损、短缺商品；上架前后，超保质期和变质商品；上架前后人为造成的破损和无使用价值商品；商品售后发现的变质或不能食用、不能使用商品。对以上五种商品做退调、削价、报废处理，并承担经济损失责任。

3. 残损商品的处理原则

（1）包装残损但可食用或有使用价值的商品，经整理后可以上架销售的，应立即整理封口，继续上架销售，减少商品损耗。

（2）凡是质次、假冒伪劣、“三无”商品，供货商运输造成破损、短缺和临近保质期的商品，均应办理退调。

（3）可以向供货商退换的残损商品，由配送中心或卖场及时分类装箱，由专门人员负责办理退换。

（4）对不能退换的残损商品，根据企业规定的权限，分别做削价或报废处理。

## 四、商品调价原因

商品调价是指提高或降低商品的原定销售价格。因此，营业员必须按照物价管理权限进行调价，不得擅自提级、提价或降级、降价，并做到在价格调整前严格保密。

商品调价的原因一般包括两个方面：一是政策性、策略性或季节性商品价位的调高或调低，是不以商场的意志为转移的。政策性商品是指受政府宏观调控的商品，如米面粮油等民生商品。策略性商品是指突破传统或新研发的商品。季节性商品是指相对于春夏秋冬交替时的过季商品。二是由于商品质次价高、式样陈旧或因保管不善造成霉变、残损、退色等而需要变价减值。

# 技能要求

### 商品盘点后的处理

## 一、操作准备

商品残损报告单、商品调价报告单、商品削价报告单等。

## 二、操作步骤

**步骤 1 填写商品残损报告单（见表 3—12）**

（1）填写商品残损报告单中账面商品数据。

（2）填写商品残损报告单中实际盘点数据。

（3）计算商品盘盈、盘亏、残损数值。

（4）注明商品盘盈、盘亏、残损原因及责任人。

表 3—12　　　　　　　　　　　　　商品残损报告单

柜组：文体组　　　　　　　　　　　　　　　　　　　　　　2010 年 10 月 31 日

| 编号 | 商品名称 | 品牌规格型号 | 单位 | 账面数量 | 单价（元） | 实存数量 | 残损数量 | 盈亏数量 | 盈亏原因及责任人 |
|---|---|---|---|---|---|---|---|---|---|
| 1 | 中性笔 | 三菱牌水性笔 UB-150 | 支 | 105 | 5.60 | 100 | | 5 | |
| 2 | | 晨光 MF2007 全针管中性笔 | 支 | 200 | 1.10 | 200 | | 0 | |
| 3 | | 晨光 GP1310 八色荧光中性笔 | 套 | 205 | 8.00 | 205 | 1 | 0 | 经营 |
| 4 | | 晨光 Q7 劲爆中性笔 | 支 | 75 | 0.80 | 70 | | 5 | |
| 5 | | 爱好 AH2000A 中性笔 | 支 | 69 | 1.20 | 69 | | 0 | |
| 6 | | 斑马牌签字笔 BE-100 | 支 | 88 | 2.70 | 88 | 2 | 0 | 经营 |
| 7 | 白板笔 | 斑马牌白板笔（大） | 支 | 34 | 6.00 | 34 | | 0 | |
| 8 | | 白金牌白板笔（大） | 支 | 26 | 2.40 | 26 | | 0 | |
| 9 | | 东洋白板笔 | 支 | 78 | 1.50 | 78 | | 0 | |
| 10 | 圆珠笔 | 多好牌 SA-S 圆珠笔 | 支 | 36 | 0.55 | 33 | | 3 | |
| 11 | | 嘉嘉 818 圆珠笔 | 支 | 25 | 0.65 | 25 | | 0 | |
| 12 | | 文明 SA-S 圆珠笔 | 支 | 500 | 0.60 | 500 | 2 | 0 | 经营 |
| 13 | | 三菱 SA-S 圆珠笔 | 支 | 300 | 5.20 | 300 | | 0 | |
| 14 | | 爱好 505 圆珠笔 | 支 | 400 | 0.55 | 400 | | 0 | |
| 15 | | 晨光 BP001 办公圆珠笔 | 支 | 205 | 0.65 | 201 | | 4 | |
| 16 | 铅笔 | 中华 2B 铅笔 | 支 | 1 000 | 0.50 | 1 000 | 200 | 0 | 配送人员 |
| 17 | | 中华 3B 铅笔 | 支 | 1 500 | 0.50 | 1 500 | | 0 | |
| 18 | | 中华 4B 铅笔 | 支 | 1 200 | 0.50 | 1 200 | | 0 | |
| 19 | | 中华 5B 铅笔 | 支 | 1 400 | 0.80 | 1 400 | | 0 | |
| 20 | | 中华 6B 铅笔 | 支 | 1 300 | 0.80 | 1 300 | | 0 | |
| 21 | 宝珠笔 | 派克胶杆宝珠笔 | 支 | 60 | 21.00 | 55 | | 5 | |
| 22 | | 全钢派克宝珠笔 | 支 | 65 | 35.00 | 65 | | 0 | |
| 23 | | 罗氏 307 宝珠笔 | 支 | 70 | 9.00 | 70 | | 0 | |
| 24 | | 罗氏 9＃宝珠笔 | 支 | 80 | 10.00 | 80 | | 0 | |
| 25 | | 罗氏 642 宝珠笔 | 支 | 65 | 8.00 | 62 | | 3 | |
| 26 | | 派克宝珠笔芯 | 支 | 70 | 9.00 | 70 | | 0 | |
| 27 | 钢笔 | 罗氏 642 钢水笔 | 支 | 60 | 11.00 | 55 | | 5 | |
| 28 | | 派克胶杆钢笔 | 支 | 75 | 35.00 | 70 | | 5 | |
| 29 | | 英雄 616 钢笔 | 支 | 90 | 8.00 | 90 | | 0 | |
| 30 | 电池 | 金霸王 9 V 电池 | 粒 | 500 | 13.00 | 500 | | 0 | |
| 31 | | 金霸王 7 号电池 | 粒 | 500 | 2.50 | 500 | | 0 | |
| 32 | | 金霸王 5 号电池 | 粒 | 500 | 2.50 | 500 | | 0 | |

续表

| 编号 | 商品名称 | 品牌规格型号 | 单位 | 账面数量 | 单价（元） | 实存数量 | 残损数量 | 盈亏数量 | 盈亏原因及责任人 |
|---|---|---|---|---|---|---|---|---|---|
| 33 | 笔记本 | 中佳 730448K 皮面笔记本 | 本 | 600 | 1.60 | 600 | | 0 | |
| 34 | | 中佳 730560K 皮面笔记本 | 本 | 500 | 0.85 | 500 | | 0 | |
| 35 | | 潮盛 1629 皮面笔记本 | 本 | 600 | 5.30 | 600 | | 0 | |
| 合计 | | | | 12 581 | | 12 546 | 205 | 35 | |

**步骤 2　填写商品调价报告单**

营业员接到价格调整通知后，应认真做好调价前的准备工作。执行新价的前一天营业结束后，由营业员、物资负责人、专兼职物价员共同对照调价单上的商品名称、产地、货号、花色、规格、品种等项目内容进行盘点，核实数量，计算出调价前后的金额，填写商品调价报告单，包括当前库存、原价、新价、差价、增加金额等（见表 3—13）。

表 3—13　　**商品调价报告单**

柜组：文体组　　2010 年 10 月 31 日　　调字第 1 号

| 编号 | 品名 | 规格 | 产地 | 单位 | 盘点数量 | 原价 | 新价 | 差价 | 增加金额 | 备注 |
|---|---|---|---|---|---|---|---|---|---|---|
| | | | | | | | | | | |
| | | | | | | | | | | |
| | | | | | | | | | | |
| | | | | | | | | | | |
| 合计增加金额 | | | | | | | | | | |

单位盖章：　主管：　财务：　复核：　盘点：　制表：

商品调价报告单一式三联，一联留存，据以改变柜台有关账表中的库存额；一联送交财务部门，据以转账；一联转送物价部门，备查留档。同时按新价及时更换标签，认真复核，防止漏调、错调。

**步骤 3　填写商品削价报告单**

营业员接到商品削价通知后，应认真做好削价前的准备工作。营业员应填写商品削价报告单，具体见表 3—14。

商品削价报告单一式三联，经审批后，一联由柜组留存并记账，一联交财务部门凭此转账后留存，一联由物价部门或商店领导留存。

表 3—14　　商品削价报告单

柜组：文体组　　2010 年 10 月 31 日　　削价原因：销售不对路、保管不当　　削字第 1 号

| 编号 | 品名 | 规格 | 产地 | 单位 | 盘点数量 | 原价 | 新价 | 差价 | 减少金额 | 备注 |
|---|---|---|---|---|---|---|---|---|---|---|
| 3 | 中性笔 | 晨光 GP1310 八色荧光 | | 支 | 1 | 8 | 5 | 3 | 3 | |
| 6 | 中性笔 | 斑马牌签字笔 BE-100 | | 支 | 2 | 2.7 | 1 | 1.7 | 3.4 | |
| 12 | 圆珠笔 | 文明 SA-S | | 支 | 2 | 0.6 | 0.3 | 0.3 | 0.6 | |
| 16 | 铅笔 | 中华 2B | | 支 | 200 | 0.5 | 0.2 | 0.3 | 60 | |
| 合计减少金额 | | | | | | | | | 67.00 | |

单位盖章：　　主管：王上　　财务：李方　　复核：任义　　盘点：赵晓　　制表：吴红

## 三、注意事项

（1）对确认无误的盘点差异，商场必须组织各部门认真分析原因。

（2）商场经理必须组织人员对各柜组的分析进行认真检查，保证分析真实、可靠。分析结果（包括盘盈分析）经商场经理签字确认后，按规定报公司总经理室。

（3）商品变价后应重新制作价签。

（4）商品调价工作不得早调、迟调、多调、少调或不调。

# 第 2 节　商 品 分 析

## 学习单元 1　销售商品结构分析

### 学习目标

➢ 了解销售商品的分类。

➢ 掌握合理的商品结构。

➢ 正确分析销售商品结构，采用不同的方法进行管理。

## 一、销售商品的分类

商品分类依据是分类的基础。商品的用途、原材料、生产方法、化学成分、使用状态等是商品最本质的属性和特征，是商品分类中最常用的分类依据。

### 1. 商品分类的原则

（1）必须明确要分类的商品所包括的范围。

（2）商品分类要从有利于商品生产、销售及企业经营习惯出发，最大限度地满足消费者的需要，并保持商品分类的科学性。

（3）选择的分类依据要适当。

（4）具有科学性、系统性。

### 2. 商品分类的意义

（1）商品分类有利于商业企业管理。

（2）商品分类是现代流通业管理的前提。

（3）商品分类便于消费者选购。

## 二、合理的商品结构

现代零售企业必须重点考虑经济效益，以经济效益为中心对商品结构进行优化是当今商业企业必须很好解决的问题。现代信息技术在商业上的广泛应用，为商业企业进行商品结构优化提供了有力的技术保证。我国多数大型商业企业都已建立了时点销售信息管理（POS）系统，实现了单品、即时管理，一些发达地区的商业企业还建立了综合信息网络（MIS）系统。这些企业已经完全可以抛开传统的商品分类方法，而对某一类别、某一品牌甚至某一型号规格的产品进行销售业绩、供应保证、质量问题等方面的评定，可为企业商品结构优化提供科学、可靠的依据。

### 1. 优化商场商品结构的重要性

优化商场商品结构的重要性，就像是在整理计算机的注册表，修改正确会提高系统的运行速度，修改不正确可能会导致计算机系统瘫痪。商品结构调整有以下几点好处：节省陈列空间，可以提高门店的单位销售额；有助于商品的推陈出新；便于顾客购买，保证主力商品的销售份额；有助于协调门店与供应商的关系；提高商品的竞争力；提高门店商品周转率，降低滞销品的资金占压。

### 2. 优化商品结构应考虑的指标

（1）商品销售排行榜

现在大部分门店的销售系统与库存系统是连接的，后台计算机系统能够整理出门店每天、每周、每月的商品销售排行榜。从中可以看出每种商品的销售情况，调查商品滞销的原因，如果无法改变商品滞销情况，就应予以撤柜处理。在处理这种情况时应注意：对于新上架的商品，往往因其有一定的熟悉期和成长期，不要急于撤柜；对于某些日常生活必需品，虽然销售额很低，但由于此类商品的作用不是赢利，而是通过此类商品的销售来拉动门店主力商品的销售，如针线、保险丝（学名熔丝）、蜡烛等。

（2）商品贡献率

单从商品销售排行榜上挑选商品是不够的，还应看商品的贡献率。销售额高、周转率快的商品，不一定毛利高，而周转率慢的商品未必利润低。毕竟门店需要生存，没有利润的商品短期内可以存在，但是不应长期占据货架。看商品贡献率的目的在于找出门店中商品贡献率高的商品，并使之销售得更好。

（3）损耗排行榜

损耗排行榜这一指标是不容忽视的。它将直接影响商品的贡献毛利。例如，日配商品的毛利虽然较高，但是由于其风险大、损耗多，可能导致赚的不够赔的。曾有一家卖场的羊肉片销售在某一地区占有很大的比例，但是，由于商品破损特别多，一直处于亏损状态，最后唯一的解决办法是提高商品价格，协商提高供货商的商品残损率，不然就将一直亏损下去。对于损耗大的商品一般是少订货，同时应由供货商承担一定的合理损耗。另外，有些商品的损耗是因其外包装出现问题，这时应当及时交供货商处理。

（4）商品周转率

商品周转率也是优化商品结构的指标之一，谁都不希望某种商品占压流动资金，所以周转率低的商品不能滞压太多。

（5）新进商品的更新率

门店周期性增加商品品种，补充商场的新鲜血液，以稳定自己的固定顾客群。商品更新率一般应控制在10%以下，最好控制在5%左右。另外，新进商品的更新率也是考核采购人员的一项指标。需要导入的新商品应符合门店的商品定位，不应超出其固有的价格带，对价格高而无销量的商品和价格低而无利润的商品应适当予以淘汰。

（6）商品陈列

在优化商品结构的同时，也应该优化门店的商品陈列。例如，出于对门店主力商品和高毛利商品陈列面的考虑，适当调整无效的商品陈列面。

（7）其他

随着特殊节日的到来，应对商品进行补充和调整。例如，正月十五和冬至就应对汤圆和饺子等商品品种的配比及陈列进行调整，以适应门店的销售。

优化商场的商品结构，有助于提高门店的总体销售额。它是一项长期的管理工作，应当随着时间的变化而及时变动，这样才能使门店立于不败之地。

### 3. ABC 分析法

ABC分析法是1879年由意大利数理经济学家、社会学家维尔雷多·帕累托提出的，又称帕累托分析法、ABC分类管理法、重点管理法等。它是根据事物在技术或经济方面的主要特征进行分类、排队，分清重点和一般，有区别地实施管理的一种分析方法。由于它把被分析对象分为A、B、C三类，所以称为ABC分析法。ABC分析法是库存管理中常用的分析方法，也是经济工作中的一种认识方法。ABC分析法的应用，在库存管理中比较容易取得以下成效：压缩了总库存量，解放了被占压的资金，使库存结构合理化，节约了管理成本。

（1）ABC分析法的原理

ABC分析法的原理可以概括为“区别主次，分类管理”。它将管理对象分为A、B、C三类，以A类作为重点管理对象。其关键在于区别一般多数和极其重要的少数。在日常经营工作中，商品的销售一般按A、B、C分类，A类商品在销售中占20%的销售比重，销售利润占80%；B类商品在销售中占40%～60%的销售比重，销售利润占15%；C类商品在销售中占20%～40%的销售比重，销售利润占5%。因此，在商品库存管理中要运用ABC分析法合理地进行库存管理，才能创造出最佳的经济效益。

（2）ABC分析法的具体步骤

1）收集数据。根据分析对象和分析内容，收集有关数据。例如，分析某一品牌商品，则应收集销售系统中的销售数据、销售成本等。

2）处理数据。对收集来的数据资料进行整理，按要求计算和汇总。

3）制作ABC分析表（见表3—15）。

ABC分析表栏目构成如下：第一栏为商品名称；第二栏为品目数累计，即每一种商品皆为一个品目数，品目数累计实际就是序号；第三栏为品目数累计百分数，即累计品目数对总品目数的百分比；第四栏为商品单价；第五栏为平均库存；第六栏是第四栏商品单价乘以第五栏平均库存，即为各种商品平均资金占用额；第

表 3—15　　商品 ABC 分析表

| 序号 | 商品名称 | 品目数累计 | 品目数累计百分数 | 商品单价 | 平均库存 | 平均资金占用额 | 平均资金占用额累计 | 平均资金占用额累计百分数 | 分类结果 |
|---|---|---|---|---|---|---|---|---|---|
| | | | | | | | | | |
| | | | | | | | | | |
| | | | | | | | | | |
| | | | | | | | | | |

七栏为平均资金占用额累计；第八栏为平均资金占用额累计百分数；第九栏为分类结果。

制表按下列步骤进行：将第二步已求算出的平均资金占用额，以大排队方式，由高至低填入表中第六栏。以此栏为准，将相应商品名称填入第一栏、商品单价填入第四栏、平均库存填入第五栏，在第二栏中按 1、2、3、4…编号，则为品目数累计。此后，计算品目数累计百分数，填入第三栏；计算平均资金占用额累计，填入第七栏；计算平均资金占用额累计百分数，填入第八栏。

4）根据 ABC 分析表确定分类。按 ABC 分析表，观察第三栏品目数累计百分数和第八栏平均资金占用额累计百分数，将品目数累计百分数为 5%～15%、平均资金占用额累计百分数为 60%～80%的商品确定为 A 类；将品目数累计百分数为 20%～30%、平均资金占用额累计百分数也为 20%～30%的商品确定为 B 类；其余为 C 类，C 类情况和 A 类正相反，其品目数累计百分数为 60%～80%，而平均资金占用额累计百分数仅为 5%～15%。

5）绘制 ABC 分析图。按 ABC 分析曲线对应的数据，根据 ABC 分析表确定 A、B、C 三个类别的方法，在图上标明 A、B、C 三类，则绘制成 ABC 分析图。

6）分析评价。ABC 分析法是库存管理中常用的分析方法，也是商业经济工作中的一种基本分析方法。商业利润是在资金→商品→库存→销售→资金的循环活动中产生的，如果这种循环较快，在等额资金下的利益率就高。因此，周转速度反映企业利益的测定值，库存周转率直接影响企业的销售和利润。ABC 分析法的应用，提高了企业管理效率，加快了库存周转，降低了人工成本，减少了被占压的资金，提高了资金利用率和企业经济效益。

## 技能要求

### 销售商品结构分析

商品销售品种繁多，如果不分重点、主次地管理，势必达不到良好效果。根据商品的特点、社会购买力变化状况及消费习惯等，利用 ABC 分析法对商品结构进行分析管理，会使商品销售工作进一步趋近于理想水平，以便最大限度地提高企业的经济效益。

1. 按商品销售品种分析

将畅销、品种少、金额大的商品归为 A 类，将平销、品种和金额一般的商品归为 B 类，将品种多而金额小、市场销不动的商品归为 C 类，然后编制商品销售品种分类 ABC 分析表，见表 3—16。

表 3—16　　商品销售品种分类 ABC 分析表

| 品种数 | 占总品种数（%） | 年销售额（万元） | 占销售额（%） | 分类 |
|---|---|---|---|---|
| 26 | 2.4 | 154 | 50.7 | A（71.1%） |
| 27 | 2.5 | 62 | 20.4 | |
| 102 | 9.4 | 36 | 11.8 | B（19.4%） |
| 115 | 10.5 | 23 | 7.6 | |
| 401 | 36.4 | 18 | 5.9 | C（9.5%） |
| 417 | 38.8 | 11 | 3.6 | |
| ∑ 1 088 | 100 | 304 | 100 | （100%） |

分析：从表 3—16 中可以看出，A、B 两类商品销售占全部商品销售的 90.5% 以上，因此应重点组织 A、B 两类商品的销售。

2. 按商品销售时间分析

按商品销售时间分析，就是对全年商品销售额在各季（或月）销售所占比重进行划分，将在各季中商品销售额大的归为 A 类，销售额小的归为 C 类，其余归为 B 类，以便在不同时期抓好商品销售额。根据上述原理，编制商品销售按季分类 ABC 分析表，见表 3—17。

3. 按商品销售排名分析

按商品销售排名分析，就是对商品销售的前五名或前八名进行统计后，在此基础上根据销售数据进行分析。通过对商品销售排名的分析，掌握销售的主力商品，

表 3—17　　A店 2010 年 1—6 月空调销售表

| 品牌 | 销售笔数 | 销售数量 | 销售金额（元） | 单价（元） |
|---|---|---|---|---|
| 海尔 | 10 | 20 | 40 000 | 4 000 |
| 松下 | 12 | 18 | 36 000 | 3 000 |
| 科龙 | 8 | 16 | 32 000 | 4 000 |
| 格力 | 14 | 14 | 28 000 | 2 000 |
| 美的 | 10 | 12 | 24 000 | 2 400 |
| 格兰仕 | 10 | 10 | 20 000 | 2 000 |
| 海信 | 4 | 8 | 16 000 | 4 000 |
| 三菱 | 4 | 6 | 12 000 | 3 000 |

见表 3—18。

表 3—18　　A店 2010 年 1—6 月空调销售排名表

| 品牌 | 排名 | 销售笔数 | 销售数量 | 销售金额（元） | 单价（元） |
|---|---|---|---|---|---|
| 海尔 | 1 | 10 | 20 | 40 000 | 4 000 |
| 松下 | 2 | 12 | 18 | 36 000 | 3 000 |
| 科龙 | 3 | 8 | 16 | 32 000 | 4 000 |
| 格力 | 4 | 14 | 14 | 28 000 | 2 000 |
| 美的 | 5 | 10 | 12 | 24 000 | 2 400 |
| 格兰仕 | 6 | 10 | 10 | 20 000 | 2 000 |
| 海信 | 7 | 4 | 8 | 16 000 | 4 000 |
| 三菱 | 8 | 4 | 6 | 12 000 | 3 000 |

4. **按商品销售比重分析**

按商品销售比重分析，是对商品品类在销售总体中所占的比重进行分析，为调整商品大类提供科学依据，如图 3—1 所示。

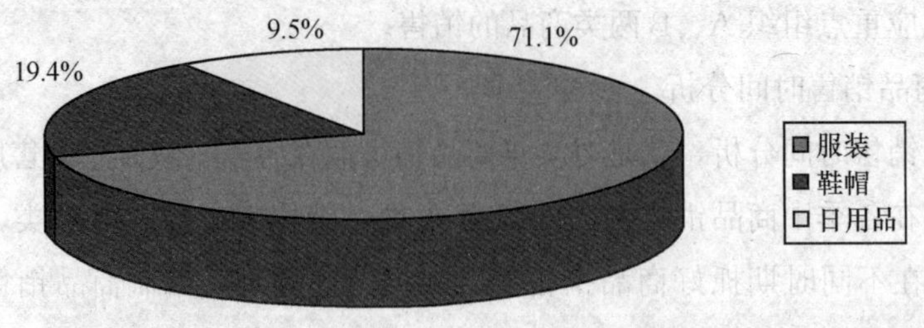


图 3—1　商品销售比重示意图

5. **按商品销售利润分析**

按商品销售利润分析，就是根据商品所创造的利润确定哪些是主打商品，哪些是贡献大的商品，通过分析找出 2 和 8 的比重，也就是通过组织和销售 20％的商品去创造 80％的利润。

6. 按商品销售品牌分析

按商品销售品牌分析，是根据商品销售品牌进行销售分析，通过对品牌的销售情况分析，确定重点支持商品品牌的力度，培育新品牌和淘汰不受消费者欢迎的品牌。

7. 注意事项

（1）注意分析商品的大类、品种及品牌。

（2）商品结构销售分析是一项细致的工作，因此分析过程要认真、仔细。

（3）选择分析商品销售的数据要准确、真实，不可估计。

## 学习单元 2　库存商品分析

### 学习目标

➢ 了解影响库存商品的因素。

➢ 掌握库存商品控制的方法。

➢ 确定合理库存，对库存商品的数量、储存时间进行分析。

### 知识要求

#### 一、影响库存商品的因素

营业员经常会遇到这样的情况：顾客急需的商品店里没有，而顾客不需要的商品货架上满满的，不知道怎样把它们销售出去。出现这种情况的原因是没有做好库存管理，如果营业员不懂得库存管理，不能及时向企业反馈顾客的需求信息，自然就会出现对企业与营业员都不利的情况。

解决这个问题的关键在于控制库存，使商品的结构、数量能保持在合理的水平。

影响商品合理库存的因素主要有四个，即数量、结构、时间、空间。

1. 商品库存的合理数量

商品库存的合理数量，就是以满足市场需要、保障销售为基本原则，并符合经济核算的商品库存量，使商品库存量与销售量相适应。商品库存量的大小，应以保障销售为前提。保障销售，就是商品库存对于销售的保证程度，达到既不短缺，又不过剩。只有在这个限度内的商品库存才是必要的，低于这个限度，保障不了销售；高于这个限度，势必造成积压。符合经济核算，就是使库存的商品数量在经营中取得较好利润。商品库存量低于正常需要量时，势必造成缺货脱销，影响经济效益；商品库存量高于正常需要量时，虽然对销售的保证程度加大，但会使商品资金占用率提高，库存成本增大。

2. 商品库存的合理结构

商品库存结构是指在库存商品总额中各类商品所占的比例，以及同类高、中、低档商品之间，同一种商品的不同规格、不同花色之间库存数量的比例关系。商品库存的合理结构，就是使库存商品在结构上，即在各类商品总额上，档次上，品种、花色、规格上能适应销售需要。

3. 商品库存的合理时间

商品库存的合理时间，就是要使库存商品适应需求的不同时点。商品库存的合理时间与商品库存的合理数量相适应，即在任何需求的时点上都能满足数量要求。如果商品库存的时间不尽合理，即使库存商品数量充足，也会影响商品库存作用的发挥。因此，企业在经营中必须掌握商品库存的合理时间。

4. 商品库存的合理空间

商品库存是为商品购销经营服务的，所以商品库存的空间位置必须符合商品经营的要求。商品必须按商品类别分库区、分货位储存，储存时要对销小存大、长期不动、临近保质期、质量欠佳、未上架等问题商品及时采取措施，以保证库存合理，加速商品流转。

## 二、商品库存数量、时间和结构控制

1. 商品库存数量控制

商品库存数量控制的主要方法是明确库存数量定额，即在一定条件下，根据商业企业的具体经营状况，为保证商品的正常销售所制定的合理的库存数量标准。

（1）保险库存

保险库存又称安全库存量，是指为预防商品供应过程中发生意外情况，影响商品正常销售而建立的库存。其计算公式如下：

保险库存定额＝保险库存天数×平均每天出库量

(2) 经营库存

经营库存又称周转库存，是指为保证企业的日常销售而建立的库存。其计算公式如下：

经营库存定额＝商品前后两次采购入库间隔天数×平均每天出库量

(3) 季节库存

季节库存是指由于某些商品受自然条件的影响导致销售量发生变化而引起的商品库存，或某些农副产品必须在收购季节采购而增加的商品库存。其计算公式如下：

季节库存定额＝季节库存天数×平均每天出库量

**2. 商品库存时间控制**

通过规定库存可供销售商品的数量来控制商品库存时间。

根据各种商品不同的周转期，分别计算核定平均库存天数、商品库存保本期、商品库存保利期。计算公式如下：

平均库存天数＝(最低库存天数＋最高库存天数)÷2

商品库存保本期＝(毛利额－销售税金－固定费用)÷日增长费用

商品库存保利期＝(毛利额－销售税金－目标利润－固定费用)÷日增长费用

**3. 商品库存结构控制**

所谓商品库存结构控制，主要是指对商品进行分类，然后分析其结构是否合理，对不同类别的商品采取不同的库存策略和管理方法。

**【案例3—3】**

## 库存商品分析案例

北京经天伟业百货商场某品牌服装平均每日需要量为10件，保险库存期为5天，两次入库间隔期为10天，商品使用前准备期2天，进货在途天数为5天，陈列天数为3天。假设该服装毛利额为10 000元，销售税金为500元，固定费用为2 600元，目标利润为2 200元，日增长费用为100元。作为营业员，请计算该品牌服装的库存数量定额指标和库存时间指标。

解析：

1. 库存数量定额指标

保险库存定额＝保险库存天数×平均每天需要量

＝5×10＝50（件）

经营库存定额＝(商品前后两次采购入库间隔天数＋商品使用前的准备天数)×平均每天需要量

＝(10＋2)×10＝120（件）

周转性库存量＝保险库存＋经营库存

＝50＋120＝170（件）

库存数量定额示意图如图 3—2 所示。

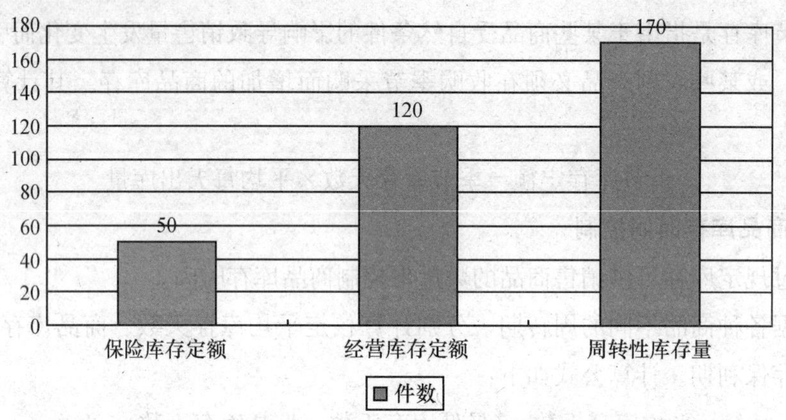


图 3—2　库存数量定额示意图

2. 库存时间指标

最低库存天数＝进货在途天数＋销售准备天数＋商品陈列天数＋保险天数

＝5＋2＋3＋5＝15（天）

最高库存天数＝最低库存天数＋进货间隔天数

＝15＋10＝25（天）

平均库存天数＝(最低库存天数＋最高库存天数)÷2

＝(15＋25)÷2＝20（天）

商品库存保本期＝(毛利额－销售税金－固定费用)÷日增长费用

＝(10 000－500－2 600)÷100＝69（天）

由此可以看出，该品牌服装保本期为 69 天。也就是说，如果储存 69 天刚好保本，即不盈不亏。如果超过 69 天，多储存一天就要亏损 100 元。如果能保证在 69 天之内将商品销售出去，就能取得一定的利润。

商品库存保利期＝(毛利额－销售税金－目标利润－固定费用)÷日增长费用

＝(10 000－500－2 200－2 600)÷100＝47（天）

由此可以看出，该品牌服装保利期不应超过 47 天，超过 47 天则不能实现目标利润，超一天就少实现目标利润 100 元。因此，必须把商品储存天数控制在 47 天以内才能保证目标利润的实现。

该品牌服装保利天数示意图如图3—3所示。

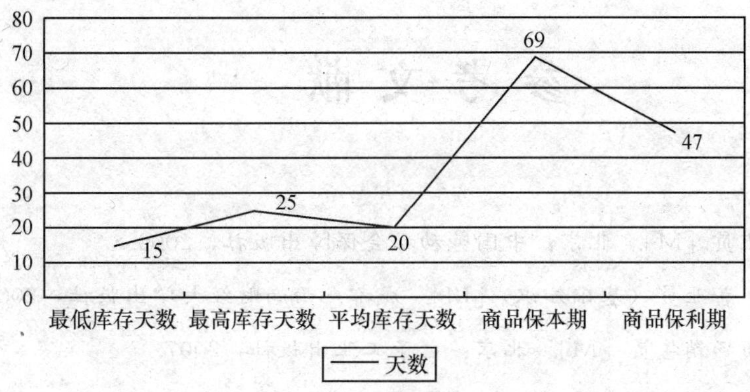


图3—3　保利天数示意图

## 思　考　题

1. 商品盘点的原则是什么？
2. 如何进行商品盘点？
3. 如何处理商品盘损？
4. 如何进行销售商品结构分析？
5. 库存商品分析指标有哪些？应如何计算？

# 参考文献


1. 周疏影. 营业员［M］. 北京：中国劳动社会保障出版社，2009.

2. 阮成，梁俊. 营业员（基础知识）［M］. 成都：西南财经大学出版社，2007.

3. 张杰. 超市商场销售员［M］. 北京：电子工业出版社，2007.

4. 奚华. 商场超市金牌营业员培训手册［M］. 北京：中国商业出版社，2007.

5. 浩瀚，李生禄主编. 商业服务业英语实战实例［M］. 北京：北京航空航天大学出版社，2009.

6. 陈建华主编. 如何解决投诉难题［M］. 北京：中国经济出版社，2010.